देह की कीमत

वाणी प्रकाशन

21-ए, दरियागंज, नयी दिल्ली-110002

फोन : 011-23273167, 23275710, 41562622

फैक्स : 011-23275710

e-mail : vani_prakashan@yahoo.com

vaniprakashan@gmail.com

website : vaniprakashan.com

देह की कीमत

तेजेन्द्र शर्मा

वाणी प्रकाशन का लोगो
विख्यात चित्रकार मकबूल फिदा हुसेन
की कूची से

ISBN : 81-7055-642-2

वाणी प्रकाशन
21-ए, दरियागंज, नयी दिल्ली-110002
द्वारा प्रकाशित

प्रथम संस्करण : 2001
द्वितीय संस्करण : 2007

मूल्य : 200.00

आवरण : वाणी चित्रांकन

शुभम ऑफसेट, दिल्ली-110032
द्वारा मुद्रित

DEH KI KEEMAT
by Tejendra Sharma

प्रिय नैना के लिए
जो मेरे जीवन में
उस समय
प्रकाश की किरण
बनकर आई
जब, चारों ओर
घनघोर अंधकार था !

क्रम

देह की कीमत

परमजीत कौर अपने कमरे में गुमसुम बैठी थी। उसकी आँखें सामने पड़े कलश पर टिकी हुई थीं। उसका दो वर्षीय पुत्र गहरी नींद सो रहा था। कमरे की निस्तब्धता को उसके पुत्र की जुकाम से बंद नाक की साँस की आवाज़ ही भंग कर रही थी। कमरे का टेलिविज़न भी चुप था, टेलिफ़ोन भी गला बंद किये कोने में पड़ा था। किन्तु यह चुप्पी किसी शांति का प्रतीक नहीं थी। परमजीत के मन में तूफ़ान की लहरें भयंकर शोर मचा रही थीं। और फ़रीदाबाद के सेक्टर पंद्रह के बाहर एक कुत्ता ज़ोर से रो रहा था।

रोना तो अब शायद पम्मी के जीवन का अभिन्न अंग बनने वाला था। ...पम्मी। ...हाँ, हरदीप उसे इसी नाम से तो पुकारा करता था। पम्मी और हरदीप एक-दूसरे के जीवन का अटूट हिस्सा बन चुके थे। पम्मी का उजला खिला रंग रूप, बेदाग़ मुलायम चेहरा और अंग्रेज़ी (आनर्स) तक की पढ़ाई; ...यही सब गुण तो उसे फ़रीदाबाद के सेक्टर अट्ठारह से सेक्टर पंद्रह तक ले आये थे। हरदीप ने पम्मी को अपने किसी रिश्तेदार के विवाह में देख लिया था। ...बस! ...तभी से बीजी के पीछे पड़ गया था, "बीजी, जे ब्याह करना है, तो बस उस लाल सूट वाली से।"

"लाल सूट वाली दा नाम तां पुछ लैंदा!" बीजी को अपने पुत्र की व्यग्रता कहीं अच्छी भी लगी थी। ...उनका लाडला बेटा जापान जाने की तैयारी में है। यदि, वहाँ से कोई चपटी नाक वाली जापानी पत्नी उठा लाया तो बीजी का क्या होगा! बीजी लग गईं लाल सूट वाली की तलाश में।

तलाश जाकर पूरी हुई सेक्टर अट्ठारह में। बीजी के मन को थोड़ा झटका लगा।...पुत्तर की पसन्द टिकी भी तो जाकर सेक्टर अट्ठारह में। भला पन्द्रह सेक्टर वाले अट्ठारह वालों के घर रिश्ता लेकर जायें तो कैसे!...बात बड़ी सीधी-सी

है—सेक्टर पन्द्रह है कोठियों और बँगलों वाला सेक्टर...हर बँगले में कम से कम एक कार तो है ही...और सेक्टर अट्ठारह में हैं हाउसिंग बोर्ड के दो कमरों वाले मकान। ...बीजी सोच में पड़ गईं।

बीजी सोचते-सोचते ही सेक्टर अट्ठारह में पहुँच गईं। भला सा घर ! ...सीधे सादे लोग!...छोटा सा परिवार! सरदार वरयाम सिंह, पत्नी सुरजीत कौर, परमजीत और छोटा भाई सुखविंदर!...बस इतना ही परिवार। दीवार पर गुरु नानक देव और गुरु गोबिंद सिंह के चित्र...और लाल कपड़े में लिपटा गुरु ग्रंथ साहिब परिवार के आस्तिक होने का एलान कर रहे थे। बाहर गुरुद्वारे के लाउडस्पीकर पर आवाज़ आ रही थी...''श्लोक महल्ला पंजवां...अपने सेवक की आपे राखे...आपे नाम जपावे...जहाँ-जहाँ काज करे सेवक की...।'' बीजी को लगा ऐसे समय में यह श्लोक उनकी सफलता का एलान है।...परमजीत उस दिन कालेज नहीं गई थी।...उसे हल्का बुख़ार था।

बुख़ार में जो लड़की इतनी सुंदर लग सकती है, वो सजने-सँवरने के बाद क्या लगेगी! वरयाम सिंह और सुरजीत कौर प्रसन्न कि उनकी बेटी विवाह के बाद नज़दीक भी रहेगी और रहेगी भी सेक्टर पंद्रह में। ...होने वाला जमाई जापान में काम करता है। माता-पिता के लिए इतना ही काफ़ी था। ...उन्हें हाँ करने में देर ही कितनी लगनी थी। ...वे दोनों भी कन्यादान कर स्वर्ग में अपना स्थान पक्का करने की सोचने लगे।

परमजीत को तो कन्यादान शब्द से ही वितृष्णा हो उठती थी। ...दान वाली वस्तु बनना उसे गवारा नहीं था। ...इसीलिये विवाह कचहरी में करना चाहती थी।...परन्तु शादी विवाह के मामले में बेटियों को नहीं बोलना चाहिए।...सम्भवतः इसीलिये परमजीत बोलना चाह कर भी कुछ नहीं बोल पाई। और 'लाल सूट वाली कुड़ी' लांवा फेरे लेकर, ज्ञानियों के श्लोकों पर सवार होकर सेक्टर अट्ठारह से पन्द्रह के बीच की सड़क लाँघ गई। रास्ते में भीम बाग़ और जैन मंदिर उसके विवाह के मूक साक्षी बने खड़े थे।

साक्षी बनने के लिये बिजली तैयार नहीं थी। इसीलिये तो जब घर पहुँचे तो बत्ती नदारद थी...फ़रीदाबाद में बिजली तो हर रोज़ गुल हो जाती है...दिन में लगभग चार से छह घंटे तो बत्ती के बिना बिताने ही पड़ते हैं। ''साढे घर बिजली दी की जरूरत है जी, साढी तां बहु ही ऐनी चमकीली है कि सारा घर उजला होया पया है।''...बीजी अपनी खुशी छिपा नहीं पा रही थीं।

उजली बहु तो आज भी घर में है। पर आज घर में गहरा काला अँधेरा छाया हुआ है।...बीजी अपने कमरे में रो-रोकर आँखें सुजा रही हैं। तो हरदीप के दोनों भाई अपनी भाभी को पत्थर दिल करार दे रहे हैं।....चुप हैं तो

केवल दारजी!

दारजी ने सदा ही पम्मी को पिता का सा प्यार दिया है। वास्तव में उनका व्यवहार सरदार वरयाम सिंह के साथ समधियों जैसा रहा ही नहीं...दोनों ऐसे दोस्त बन गये, जैसे वर्षों से एक-दूसरे को जानते हों। ...निकले भी तो पड़ोसी ही। सरदार वरयाम सिंह मौड़ मण्डी के रहने वाले थे और दारजी का बचपन मानसा में बीता था। भला मानसा और मौड़ में दूरी ही कितनी थी!...बस इतनी ही दूरी फ़रीदाबाद में भी थी। ...किन्तु हरदीप तो बहुत दूर चला गया था। हरदीप को दूर जाने का शौक भी बचपन से ही था। उसके ताऊजी जब से आस्ट्रेलिया जाकर बस गये थे...तब से हरदीप के मन में बस एक ही साध थी कि कहीं विदेश में जाकर ही बसना है। ...पर पढ़ाई-लिखाई में तो उसका मन लगता ही नहीं था।...बस, किसी तरह दारजी के रसूख़ से हर वर्ष पास हो जाता था। ...परन्तु हायर सेकण्डरी में तो बोर्ड की परीक्षा होती है। ...वहाँ तो रसूख़ नहीं चलता है न ! बस, उसी साल थोड़ी मेहनत की थी।...बी.ए. की डिग्री तो कुकुरमुत्तों की तरह उगे किसी 'पब्लिक कालेज' से ख़रीद ली गई थी।

ख़रीदने को तो दारजी नौकरी भी ख़रीद देते। परन्तु हरदीप को तो न नौकरी करनी थी और न ही दारजी के व्यापार में हाथ बँटाना था...उसे तो बस किसी भी तरह विदेश जाना था...बस...वहाँ जाना था...पैसा कमाना था और ऐश की ज़िन्दगी जीनी थी।...उन्हीं दिनों एअरलाइन में उड़ान परिचारकों की नौकरी निकली थी। विदेश की सैर का खुला न्यौता! ...हरदीप को कहीं से भनक लग गई कि पगड़ी धारक सिखों को यह नौकरी नहीं मिल सकती...बस ! कर आया केशों का अंतिम संस्कार! कर दिया दारजी की भावनाओं का खून! ...हो गई नौकरी की तैयारी!

पर क्या नौकरी ऐसे मिलती है?....लिखित परीक्षा देनी होती है...पास करनी पड़ती है....साक्षात्कार!...या फिर तगड़ी सिफ़ारिश।...हरदीप के पास तो कोई भी अस्त्र-शस्त्र नहीं था इसीलिये कोई भी बाधा लाँघ नहीं पाया। ...पहली ही सीढ़ी से फिसल कर गिर पड़ा।

आज पम्मी न जाने कितनी सीढ़ियों से नीचे गिर पड़ी है। उसमें उठकर बैठने की न तो ताकत ही है और न ही हिम्मत! ऐसा कैसे हो जाता है ? ...एक ही घटना आप के समूचे जीवन को कैसे तहस-नहस कर देती है। ...जिजीविषा बहुत निदर्यी वस्तु होती है। इंसान को जीवित रहने के लिये मजबूर करती रहती है। वरना क्या आज पम्मी के पास जीने का कोई बहाना है। उसके जीवन पर छाया अँधेरा तो और भी विकराल होता जा रहा है।

अँधेरे में जीने का अभ्यास है पम्मी को!...तभी तो बीजी की कटु बातें और

देवरों का निर्दयी व्यवहार भी उस अँधेरे को चीर कर उसे क्षत-विक्षत नहीं कर पा रहे हैं।...''मैं तां पहले ही कहन्दी सी, कुड़ी मंगली है। ...ऐथे ब्याह नहीं करणा! ...मेरी तां कदी कोई सुणदा ही नहीं!''....बीजी का विलाप जारी था।

''नां, उसके मां पयो ने कुछ छुपाया था क्या ?...साफ़-साफ़ बोल दिता था कि हमारी कुड़ी तां मंगली है। ...ओस वक्त तो तेरे काके ने ही कह दिया था कि वोह इन बातों को माणता ही नहीं। ...फिर आज किस बात की शिकैत है ?''

''मेरा तां पुत्तर चला गया !...तुसी मैनूं ही लेक्चर दे रहे हो ?''

''ओये जे तेरा पुत्तर गया है तो, ओस अभागन का भी तो खसम चला गया! ...ओय सोच भागवाने, विधवा का जीवन किसी को चंगा लगदा है?''

''हाय ओये, कुड़ी न निकली, डायण निकली, लोको! मां पयो ने अपनी डायण हमारे हवाले कर दिती....हुण मैं की करां जी ?''

''करणा क्या है; बस अपणी बहु नू सँभाल !...हरदीप दी निशाणी है उसदे पास..निक्के बच्चे नूं उसने सँभालणा है। ...मैं तो कहता हूँ...!'' और दारजी चुप्प हो गये।

''की कहंदे हो...। कुछ बोलो तां सही !''

''मैं तो कहता हूँ....असी आप ही थोड़े वकत के बाद कुड़ी दा दूसरा ब्याह कर दें।...कुड़ी दा जीवन सँवर जायेगा...ते साडी इज्जत रह जायेगी।''

''हाय ओये रब्बा!...कैसा बाप है एह बन्दा!...अभी पुत्तर नूं मरे हफ़्ता नहीं होया, ते बहु दे दूजे ब्याह दी गल करदा पया है!...हाय ओये!''

''अपणे बैण बस कर!...पम्मी दी तरफ़ ध्यान दे।'' दारजी का धैर्य चुकता जा रहा था।

पम्मी अब भी उस कलश को ताके जा रही है।...जो मरा है, उसकी राख इसी कलश में पड़ी है। मरने वाला मरा भी तो जापान जाकर। ''काका, जा पान लै आ!''...बीजी की बात सुनकर पम्मी की हँसी छूट गई थी। ...भला उनका काका पूरा जापान कैसे ला सकता है! ...किन्तु आज तो उसी जापान ने उनके काके को और पम्मी के हरदीप को पूरे का पूरा निगल लिया था।

जापान जाने की हठ भी तो हरदीप की ही थी। ...कोई पक्की नौकरी तो वहाँ थी नहीं। ...फिर भला क्या आवश्यकता थी वहाँ जाने की। विवाह से पहले पम्मी को यह कहाँ बताया गया था कि काका अवैध तरीके से जापान जाता है और दो-तीन वर्ष वहाँ बिताकर, जेबें भरकर, वापिस आ जाता है।

''क्यों जी, आप ऐसा 'इल-लीगल' काम क्यों करते हैं। ...अगर कभी पकड़े गये तो ?''

''ओय झल्लिये, तब तक रिस्क नहीं लेंगे, तो यह ऐशो आराम के सामान कैसे जुटायेंगे। ...यह सारी इम्पोर्टड चीज़ें कहाँ से आयेंगी ?''

''मुझे इन चीज़ों में कोई दिलचस्पी नहीं जी ! ...आप बस यहाँ रहिये जी! ...हम बस अपनी दाल-रोटी में ही खुश हैं।''

''तो, आदरणीय पम्मी जी, तुसी दाल-रोटी विच खुश रहो। ते बस आह ही खांदे रहो! ...सरदार हरदीप सिंह दाल-रोटी में खुश रहने के लिये नहीं पैदा हुआ !''

''नहीं जी, मैं अब आपको वहाँ नहीं जाने दूँगी।...आप एक बार तो वहाँ हो ही आये हैं। ...शौक तो पूरा हो ही चुका है...फिर दोबारा जाने की क्या ज़रूरत है? ...यहाँ दारजी का अच्छा-भला बिज़नस है...वही सँभालिये।''

ओये तुम ज़नानियों को मर्दों की बातों में दखल नहीं देना चाहिए। ...तुम अपना घर सँभालो...बस! ...पैसे कमाना हम मर्दों का काम है। वोह हमारे ऊपर ही छोड़ दो।''

बुरी तरह से आहत हो गई थी पम्मी ! ...उसने अंग्रेज़ी साहित्य में एम. ए. इसलिये नहीं किया था, कि घर के आँगन में गाय की तरह बँधी खड़ी रहे और पति अपनी मनमानी करता रहे।...पम्मी अपने पति के हर काम में बराबर की भागीदार होना चाहती थी....उसे अपने काम में भागीदार बनाना चाहती थी। ...उसकी ताकत बनना चाहती थी। पर काका तो दारजी और बीजी की कमज़ोरी था...वोह भला एक कमज़ोरी की ताकत कैसे बन पाती !

ताकत की तो पम्मी में कोई कमी नहीं...उसका चरित्र इतना शक्तिशाली है कि वह किसी भी मुसीबत का सामना करने में सक्षम है। परन्तु जब से हरदीप ने उसे बताया है कि वह किस तरह अवैध तरीके से टोकियो पहुँचता है, तो उसकी शक्ति भी जवाब देने लगी थी।

''बड़ी सीधी सी जुगत है पम्मी! तीन वर्ष पहले भी चल गई थी; अब की बार भी चल जायेगी।...अपना एजेंट हमें दिल्ली से बैंकाक तो अपनी देसी एअर लाइन से भेजेगा। वहाँ से सिडनी का टिकट बनवायेगा, वाया टोकियो। ...टोकियो में आठ घंटे का ट्रांज़िस्ट हाल्ट होगा...बस, उसी आठ घंटे में अपना एजेंट हमें एअरपोर्ट से बाहर निकाल कर ले जायेगा...मैं पहुँच जाऊँगा टोकियो में अपने अड्डे पर !''

''मुझे तो डर लगता है जी !''

''ओये, मैं वहाँ कोई अकेला थोड़े ही होऊँगा।...कितने लड़के पाकिस्तान से होते हैं, कितने बँगलादेशी, और कितने अपने पंजाबी भाई। ...यही नहीं फ़िलीपीन और कोरिया वाले भी 'इल-लीगल' होते हैं।''

"पर होते तो 'इल-लीगल' ही हैं न जी!"

"ओ तूं यहाँ कानूनी और गैर कानूनी के चक्कर में पड़ी है और मुझे अपनी ज़िन्दगी बनाने की फ़िक्र है।"

पम्मी को तो कुछ समझ ही नहीं आ रहा था। उसके पल्ले तो यह बात ही नहीं पड़ रही थी कि इतने पचड़ों में पड़कर जापान जाने की ऐसी मजबूरी क्या है ?...क्या इसी को ज़िन्दगी बनाना कहते हैं।...पर...काका तो बहुत अकलमंद है न...पिछली बार ही पाँच लाख बचाकर लाया था...इम्पोर्टेड चीज़ें अलग...। भला सफल आदमी भी कभी ग़लत हुआ है...किसकी मजाल जो सफलता को उसकी कमियाँ बता सके।...फिर पम्मी ही भला कैसे अपने हरदीप को समझा सकती थी!"

उल्टा हरदीप ने ही उसे समझा दिया था।...हरदीप के समझाने का नतीजा भी महीने भर में सामने आने लगा था।...शर्म से लजाकर पम्मी ने बताया था कि उसका जी खट्टा खाने को करने लगा है।...दारजी तो बच्चों की तरह भँगड़ा पाने लगे थे।...बीजी ने बलैयाँ ली थीं...बहु को काला टीका लगाया...उसकी नज़र उतारी...गुरुद्वारे ले जाकर माथा टिकवाया...घर में अखण्ड पाठ रखवाया। ...अबकी बार बीजी ने भी पुत्तर को समझाने की कोशिश की थी, "पुत्तरा, कुड़ी दा पैर भारी है। मेरी गल मन, ऐस वार नां जा...पहला बच्चा है, तूं साथ होएंगा, तां कुड़ी चंगा महसूस करेगी।"

"बीजी, कोई निक्की बची थोड़े ही है पम्मी ! ...फिर आप हो, दारजी हैं ने, दो छोटे वीर ने, कोई इकल्ली थोड़ी है।"

"पुत्तरा असी सारे बेगाने ! ...उसका अपणा तो बस, तूं ही है।"

कितना सच कहा था बीजी ने ! ...आज हरदीप की मौत के बाद सब बेगानों का सा व्यवहार ही तो कर रहे हैं। हरदीप तो बेटे का मुँह देखे बिना ही चलाना कर गया।

"पम्मी, इंसान अपने भविष्य के लिये क्या कुछ नहीं करता!...दिल छोटा नहीं करदे पगली !"

"पता नहीं क्योंजी, मेरा तो दिल ही नहीं मानता कि आप जापान जाओ। ...मेरी तो बस यही तमन्ना है कि जब अपना बच्चा पैदा हो, तो सबसे पहले आप ही उसका चेहरा देखें।"

चेहरे कैसे दूर चले जाते हैं। ग़ायब हो जाते हैं। ...पम्मी की माँ जचगी के लिये अपनी बेटी को अपने घर ले गई थी। ...आजकल घर में कहाँ बच्चे पैदा किये जाते हैं ? ...दाइयाँ तो केवल कहानियों में रह गई हैं...या फिर पिछड़े हुए गाँवों में। ...शहरों में तो बच्चे नर्सिंग होम में ही पैदा होते हैं। मायके वाले तो

बस पैसे खरचते हैं...परेशानी उठाते हैं ताकि होने वाला बच्चा उनके जमाई के नाम को आगे बढ़ा सके। पम्मी का पुत्र अपने पिता की अनुपस्थिति में ही इस दुनियाँ में आ गया था।

और हरदीप अपने पुत्र को देखे बिना ही इस दुनियाँ से चला गया था ...अपनी रणनीति के अनुसार हरदीप बैंकाक होते हुए टोकियो में पहुँच गया था। अपने पुराने साथियों के साथ ही जाकर रहने का ठिकाना भी कर ही लिया था...एक ही कमरे में दस-बारह अवैध रूप से घुसे लड़के वहाँ रहते थे। ...कुछ एक की पत्नियाँ पीछे हिन्दुस्तान में प्रतीक्षा कर रही थीं। ...कुछ एक जापान में ही विवाह करने की जुगाड़ बना रहे थे। ...जापानी कन्या से विवाह करने पर जो जापान में रहना वैध हो जाता।

फ़रीदाबाद का वैध नागरिक, खाते-पीते घर का 'काका', जापान में अवैध काम करने को अभिशप्त था। ...वहाँ वो कुली भी बन जाता था तो कभी रेस्टॉरेंट में बर्तन भी माँज लेता था...हर वो काम जो हरदीप अपने देश में किसी भी कीमत पर नहीं करता, जापान में सहर्ष कर लेता था। ...कारण ?...झूठी शान के अतिरिक्त क्या हो सकता है...कि लड़का जापान में काम करता है।

काम करता है ! ....दारजी सब समझते हैं, कि काका क्या काम करता है। घर में एक वही तो हैं जो पम्मी की बात से सहमत हैं कि हरदीप को जापान नहीं जाना चाहिए। ...पर काके को बीजी की पूरी शह है। ...बीजी का मन तो इम्पोर्टेड सामान के साथ बँधा रहता है। ...फिर न जाने उन्हें इम्पोर्टेड बहु के ख़्याल से क्यों डर लगता था।

डर तो पम्मी को भी था कि कहीं कोई जापानी गुड़िया उसके हरदीप को अपने जाल में न फँसा ले। हरदीप को सख़्त हिदायत थी कि हर सप्ताह पम्मी को फ़ोन करेगा। ...हरदीप भी अपना वादा हर सप्ताह निभाता था।

फिर एक सप्ताह हरदीप का फ़ोन नहीं आया। ...पम्मी का माथा ठनका। बीजी ने झिड़क दिया, "ना! जे एक हफ़्ता फ़ोन नहीं आया तां हो की गया। ...मुंडा कहीं बिजी हो गया होगा। ...आजकल की लड़कियाँ तो अपने खसम को गुलाम बनाकर ही रखना चाहती हैं।"

पम्मी ने एक गुलाम की तरह ही चुप्पी साध ली थी। अपनी भावनाओं को दिल में ही दबा दिया था।

परन्तु विदेश में बैठे हरदीप का बुखार उसके शरीर में दबकर रहने को तैयार नहीं था। ...भेद खुल जाने के डर से डॉक्टर से दवा लेने में भी डर था। दोस्त लोग मिलकर ही दवा करवा रहे थे। शरीर कमज़ोर पड़ गया था। ...दो कदम चलते ही चक्कर आने लगते थे। अवैध कर्मचारी को तो रोज़ के पैसे रोज़ काम

करने पर ही मिलते हैं। काम नहीं तो दाम नहीं। ...मन ही मन हरदीप को यह चिंता भी खाये जा रही थी। कमज़ोरी की हालत में ही काम पर निकल पड़ा था।

पम्मी को हर दिन काटने को दौड़ रहा था।...वह अपनी माँ को मिलने तक नहीं जा पा रही थी। ...अगर पीछे से हरदीप का फ़ोन आ गया तो ? माँ का फ़ोन तो कई बार आ चुका है। पिता जी तो दो बार लेने भी आ चुके हैं। पम्मी ने सेक्टर पंद्रह से अट्ठारह के बीच की सड़क लाँघने का मन बना ही लिया।

सड़क पार करते हरदीप को ज़ोर का चक्कर आ गया। तेज़ रफ़्तार से आती कार के ड्राइवर ने पूरी ज़ोर से ब्रेक लगाई थी। ...परन्तु हरदीप के जीवन का दीप गिंज़ा की व्यस्त सड़क के बीचोबीच बुझा पड़ा था।

हरदीप के साथियों में शोर मच गया। हड़कंप की सी स्थिति थी। अवैध लाश ! ...लावारिस ! ...उसे लेने कौन जाये। ....हरदीप के दसों दोस्त भी तो अवैध थे—लावारिस ज़िन्दी लाशें।...जो भी लाश लेने जायेगा, वही धर लिया जायेगा।...पर सतनाम के पास तो वैध वीज़ा था। ...वो तो हरदीप की दोस्ती के कारण सबके साथ रहता था। ...फिर गुजारा भी सस्ते में हो जाता था। सतनाम ने जाकर लाश को पहचाना। ...पर अब लाश का करें क्या ?

ज़िंदा इंसान का हवाई जहाज़ का किराया कम लगता है। परंतु लाश को जापान से भारत भेजना बहुत महँगा सौदा बन जाता है। किसी प्रोफ़ेशनल से लाश पर लेप चढ़वाना, ताबूत का इंतज़ाम, सरकारी लाल फीताशाही, और हवाई जहाज़ का किराया ! ...सतनाम ने सभी दोस्तों से बातचीत की...सभी बड़े दिल वाले थे। पंजाबी खून ने ज़ोर मारा और दो दिन में ही तीन लाख भारतीय रुपये के बराबर पैसा इकट्ठा हो गया।...सभी दोस्तों ने अपने यार को श्रद्धांजलि के रूप में यह पैसा एकत्रित किया था।

सतनाम भारतीय दूतावास जाने की सोच रहा था। एक नया अफ़सर है, नवजोत सिंह। सुना है खासा मददगार इंसान है। दोस्तों ने टोका, "यार, यह एम्बेसी के चक्कर में न पड़ो। हिन्दुस्तानी एम्बेसी वाले तो बनता काम बिगाड़ने के लिए मशहूर हैं।"

"ओ वीरा, शेर वाला पासपोर्ट होने का मतलब है कि आप यतीम हो गये। दूसरे मुल्क वाले तो नफ़रत करते ही हैं, अपणे बंदे भी, मँझधार में छोड़ देते हैं।"

"याद नहीं पिछली बार अवतार सिंह के साथ क्या किया था।" सतनाम परेशान हो उठा, "भाई, एक बार चलकर तो देख लें।"

सभी सतनाम की बात मान गये। आख़िर इन सभी 'इल-लीगलों' में एक

वही तो 'लीगल' था। ग़ैर कानूनी ढंग से दूसरे देश में जाकर कैसे सिंह भी चूहे हो जाते हैं।

नवजोत सिंह भारतीय दूतावास में पिछले साल भर से है। पिछली बार पंजाब के एक लड़के ने आत्महत्या की थी, तब भी उसी के सिर सारा काम आन पड़ा था। उस लड़के का मृत शरीर, अभी तक नवजोत को झुरझुरी दिला जाता है।

सतनाम सिंह की बात नवजोत पूरे ध्यान से सुनता रहा। उसने सतनाम की पीठ ठोंकी, "तुम सबने तो अपनी दोस्ती निभा ली यारो।...दो दिन में तीन लाख रुपये इकट्ठे कर लिये ! ...अब तो मुझे कुछ सोचना है।"

सतनाम मुँह नीचा किये खड़ा रहा। ...नवजोत के माथे पर पड़ते बल इस बात की घोषणा कर रहे थे कि वह गहरी सोच में डूबा हुआ है।

"एक बात बताओ सतनाम सिंह, तुम कह रहे थे कि हरदीप सिंह की बीवी और एक बच्चा भी है।" नवजोत ने ठंडी साँस लेकर पूछा।

"है जी !"

"तुमसे एक बात कहूँ, तो बुरा तो नहीं मानोगे ?"

"कहो न साबजी ! ...इस परदेस में आप ही तो हमारे माई-बाप हैं।

"सतनाम, अगर यह सारा पैसा इस लाश को हिन्दुस्तान भेजने में खर्च हो गया, तो हरदीप की बीवी को क्या मिलेगा...बस एक लाश!...उस पर वो अभागन क्रिया-कर्म का खर्चा करेगी, सो अलग।"

"आप कहना क्या चाहते हैं बाऊजी?"

"अगर हम इस लाश का क्रिया-कर्म यहीं जापान में कर दें, तो इसकी अस्थियाँ तो मुफ़्त में भारत भेजी जा सकती हैं। ...तीन लाख का ड्राफ़्ट इसकी पत्नी के नाम बनवा देते हैं। ...उसके काम आ जायेगा।"

सतनाम किंकर्तव्यविमूढ़ होकर रह गया था। उसे समझ ही नहीं आ रहा था, कि उसकी प्रतिक्रिया क्या हो। उसे नवजोत सिंह बहुत ही घटिया आदमी लगा, क्योंकि भावनाओं की कद्र उस इंसान में बिल्कुल भी नहीं थी।...उसे नवजोत सिंह बहुत अच्छा इंसान लगा। ...क्योंकि वह जीवित व्यक्ति के बारे में सोच रहा है...सिर्फ़ लाश के बारे में नहीं। "बाऊजी, आप जो ठीक समझें, वही करोजी।"

सतनाम ने वापिस आकर सारे मित्रों को नवजोत सिंह के मन की बात बताई। सभी की आँखों में नवजोत का चरित्र पेण्डुलम की तरह नायक और खलनायक की तरह झूल रहा था। बुत बने बैठे थे सब। किसी भी निर्णय पर पहुँच पाना आसान था क्या ? एक राय पर सभी मित्र एकमत थे कि फ़रीदाबाद में हरदीप की बेवा से बात की जाये। जो वह ठीक समझे वही किया जाये।

फ़ोन की घंटी बजी। दोपहर का समय था। दारजी ने फ़ोन उठाया। जापान से फ़ोन था।...दारजी की आवाज़ स्वयमेव ही ऊँजी हो गई, "हाँ जी! ...मैं उसका फ़ादर बोल रहा हूँ जी। ...उसकी वाईफ घर में नहीं है। ...जी! ...व्हाट! ...!"

"हलो, मिस्टर सिंह!...आप हमारी आवाज़ सुन रहे हैं?"

दारजी की गीली भर्राई हुई आवाज़ निकली, "आप कल फ़ोन करियेगा।"

फ़ोन कट गया। बीजी कमरे में दाख़िल हुईं।..."क्यों जी ? काके का फ़ोन था ?...क्या बोला ?"

"अब वोह कभी नहीं बोलेगा, भागवाने !"

"शुभ-शुभ बोलोजी ! वाहेगुरु मेहर करे !"

"हरदीप दी बीबी, जापान वाले काके दा क्रिया-कर्म वहाँ ही करके उसके पैसे पम्मी के नाम भेज रहे हैं।"

तूफ़ान का झोंका एक भूचाल की तरह आया। बीजी फटी हुई आँखों से अपने पति को देख रही थी, जिसने आल इंडिया रेडियो की तरह अपने पुत्र की मौत का समाचार सुना दिया था। बीजी का स्यापा घर की दीवारों की सीमा पार करके पड़ोसियों के घरों तक पहुँचने लगा था। वह बदहवास हुए जा रही थीं। हरदीप के दोनों भाई भौंचक्क खड़े थे।

"पुत्तर नूं तां खा गई, हुण ओसदे पैसे वी खा जायेगी।"

"अकल दी बात कर, कुलवंत ! ...ओस बेचारी को तो अभी यह वी नहीं पता कि वोह विधवा हो चुकी है।" दारजी को दुःख और गुस्सा दोनों पर काबू पाना भारी पड़ रहा था।

"दारजी, भरजाई को बुलाने से पहले एक बात हम आपस में तय कर लें।" यह कुलदीप था, हरदीप से छोटा।

"हमें क्या तय करना है पुत्तर जी ?"

"दारजी या तो वीरजी की लाश लेने हम दोनों भाइयों में से कोई जायेगा ...या, फिर...!"

"बोलो पुत्तर, चुप क्यों हो गये ?"

"या फिर जापान वालों से कहिये कि पैसे बीजी के नाम से भेजें।"

"पुत्तर जी, अगर तुम लाश लेने जाओगे तो क्या ख़ास बात हो जायेगी?" दारजी का गुस्सा बाहर आने को बेताब हो रहा था।

"दारजी, हम वहाँ वीरजी की जगह टोकियो में रहने का चक्कर चला सकते हैं।" कुलदीप ढिठाई से बोला।

"ओये, हरदीप की मौत से भी तुमने कोई सबक नहीं लिया ?"

"चलो जी हम एक मिनट के लिये मान भी जायें कि काके दा क्रिया-कर्म

जापान में हो जाये, तो सारे पैसे कल दी आई कुड़ी को क्यों मिलें। पुत्तर तो हमारा गया है !'' बीजी ने कुलदीप के सुर में आवाज़ मिलाई।

दारजी सिर पकड़कर बैठ गये। उन्हें विश्वास ही नहीं हो रहा था कि इस औरत के साथ उन्होंने इतना लंबा जीवन बिता डाला, '''ओ, जिसका खसम गया है, पहले उसे तो बताओ कि वोह बेवा हो चुकी है।''

''पर दारजी, पम्मी भाभी के आणे से पहले हम घरवालों को कोई फ़ैसला तो कर लेना चाहिए। ...दोबारा जापान से फ़ोन आ गया तो क्या जवाब देंगे।'' यह गुरप्रीत था, सबसे छोटा।

दारजी अपने परिवार को देखकर हैरान थे, क्षुब्ध थे...अपने ही पुत्र या भाई के कफ़न के पैसों की चाह इस परिवार को कहाँ तक गिरायेगी, उन्हें समझ नहीं आ रहा था। मन किया सब कुछ छोड़-छाड़कर संन्यास ले लें। पर अगर वे नहीं होंगे तो पम्मी का क्या होगा....यह गिद्ध तो सामूहिक भोज करने में ज़रा भी नहीं, हिचकिचाएँगे। ''पुत्तर जी आप अपणे भाई और माँ के साथ फ़ैसले करो, मैं ज़रा जाकर अपनी बहू को उसकी बरबादी की ख़बर दे आऊँ।''

पंद्रह सेक्टर पर गिरी बिजली को दारजी अट्ठारह सेक्टर अपने साथ ले गये। सरदार वरयाम सिंह और सुरजीत कौर के तो पैरों के नीचे से ज़मीन ही निकल गई। पम्मी तो चीख़ मारकर बेहोश ही हो गई।...बस चार-पाँच महीने ही तो बिताये थे अपने पति के साथ।

''वरयाम सिंह जी, आप जी दी क्या राय है? ...जापान वालों को क्या जवाब दिया जाये ?''

''सरदार साहब, आप बड़े हैं, अक्लमंद हैं, दुनियाँ देखी है आपने। आप जो फ़ैसला करेंगे...वोह तो ठीक ही होगा।'' सरदार वरयाम सिंह के हाथ जुड़े हुए थे। ''देख भाई वरयाम सिंह, यह फ़ैसला मैं अकेला नहीं कर सकता...मेरी हालत से तो तूं अच्छी तरह वाक़िफ़ है...अभी तक न जाने कैसे सब कुछ सहे जा रहा हूँ।''

''सरदार साहिब, आप जो भी फ़ैसला करें...ज़रा पम्मी के भविष्य का ज़रूर ख़याल करें।''

''भविष्य की बात तो बाद में सोचेंगे...अभी तो पम्मी को मेरे साथ रवाना करें। घर में सौ अफ़सोस करने वाले आयेंगे।'' दारजी उठ खड़े हुए।

वरयाम सिंह और सुरजीत कौर पम्मी और उसके पुत्र को लिये पंद्रह सेक्टर की ओर चल दिये।...भीम बाग़ और जैन मंदिर पम्मी की सूजी हुई आँखें देखकर भी चुप थे।...निरपेक्ष खड़े थे।

बीजी ने सबको देखा तो उनका स्यापा और ऊँचा हो गया। दारजी ने पम्मी

को अलग से बुलाया और उससे एक बार फिर वही सवाल किया।...पम्मी के पास सिवाय रोने के और कोई जवाब नहीं था। दारजी के दिमाग़ में वरयाम सिंह की आवाज़ गूँज रही थी, ''ज़रा पम्मी के भविष्य का ख़्याल ज़रूर करें।''

जापान से फ़ोन आया। दारजी ने फ़ोन उठाया। पम्मी की ओर देखा। पम्मी की रोती हुई आँखों में लाचारी साफ़ दिखाई दे रही थी। बीजी, कुलदीप और गुरप्रीत की आँखें और कान दारजी की ओर ही लगे हुए थे।

''हाँजी, नवजोत सिंह जी, आप...ड्राफ़्ट परमजीत कौर के नाम से ही बनवाइयेगा।...और...और अस्थियाँ थोड़ी इज़्ज़त से किसी कलश में भिजवा दीजियेगा।'' दारजी के आँसुओं ने उनकी आँखों से विद्रोह कर दिया। और वे निढाल होकर जमीन पर ही बैठ गये।

पूरा घर तनाव से भर गया। बीजी ने पूरा घर सिर पर उठा लिया, ''ऐस कमीनी नूं पैसा मेरे पुत्तर तो ज़्यादा प्यारा हो गया।...अपने पुत्तर दे आखरी दर्शन वी नहीं कर सकांगी।...खसमां नूं खाणिये तेरा फख ना रहे।''

दारजी ने पम्मी के सिर पर हाथ फेरकर उसे कमरे में जाने को कहा। ...पम्मी एक लुटे-पिटे मुसाफ़िर की तरह किसी तरह अपने कमरे तक पहुँच गई।

रात को बीजी ने एक और चाल चली, ''सुणोजी, मैं एक बात कहूँ, बुरा तो नहीं मानोगे।''

''बोलो'', दारजी की दर्द भरी आवाज़ उभरी।

''अगर कुलदीप पम्मी पर चादर डाल दे, तो कैसा रहे ?...घर की इज़्ज़त भी घर में रह जायेगी और...1''

दारजी समझ गये कि उनकी पत्नी को इस वक़्त बस तीन लाख रुपये ही दिखाई दे रहे हैं।...पर वे अपने फ़ैसले से हटने वाले इंसान नहीं थे।

अस्थियाँ और बैंक ड्राफ़्ट आ पहुँचे हैं। बाहर बीजी का प्रलाप जारी है, दारजी दुःखी हैं। और अंदर कमरे में पम्मी अपनी सूजी आँखों से कलश को देख रही है।...उसने तीन लाख रुपये का ड्राफ़्ट उठाया।...उसे समझ नहीं आ रहा था कि यह उसके पति की देह की कीमत है या उसके साथ बिताये पाँच महीनों की कीमत।

उसका पुत्र अभी भी जुकाम से बंद नाक से साँस लिये जा रहा है।

मलबे की मालकिन

समीर ने यह क्या कह दिया।...एक ज़लज़ला, एक तूफ़ान मेरे दिलो दिमाग़ को लस्त-पस्त कर गया है। मेरे पूरे जीवन की तपस्या जैसे एक क्षण में भंग हो गई है। ...एक सूखे पत्ते की तरह धराशाई होकर बिखर गई हूँ मैं। क्या समीर मेरे जीवन के लिये इतना महत्वपूर्ण हो गया है कि उसके एक वाक्य ने मेरे पूरे जीवन को खंडित कर दिया है।

फिर मेरा जीवन सिर्फ़ मेरा तो नहीं है। नीलिमा, मेरे जीवन का एक महत्वपूर्ण हिस्सा है। नीलिमा को अलग करके, मैं अपने जीवन के बारे में सोच भी कैसे सकती हूँ। नीलिमा का जन्म ही तो मेरे वर्तमान का सबसे अहम कारण है ...उससे पहले तो मैं अत्याचार सहने की आदी सी हो गई थी।...नीलिमा ने ही तो मुझे एक नई शक्ति दी थी।...मुझे अहसास करवाया था कि मैं भी एक जीती जागती औरत हूँ, कोई राह में पड़ा पत्थर नहीं कि इधर से उधर ठोकरें खाती फिरूँ।

एक भाई की चार चिंताएँ और उनमें मैं माता-पिता की चौथी चिंता थी। मुझसे पहले की तीन चिंताओं से मुक्त होते-होते पिता की कमर टेढ़ी हो चुकी थी।...मैं थी कि पढ़ना चाहती थी। ...चिंता दर चिंता! लड़की यदि अधिक पढ़-लिख गई, तो लड़का कहाँ से मिलेगा। अपनी बिरादरी में तो ज़्यादा पढ़े-लिखे लड़के ढूंढे से नहीं मिलते।

कहते हैं ढूँढने से तो भगवान भी मिल जाते हैं। परन्तु भगवान के बनाये हुए इंसान! ...इंसान ना भी मिले तो क्या फ़र्क पड़ता है ?...जो भी मिले उसी के पल्ले बाँध दो। माँ-बाप को तो गंगा नहानी है। लाख समझाती रही, मिन्नतें करती रही...पर नहीं। पढ़-लिख कर ख़राब होने से कहीं अच्छा है अपना घर बसाओ; ...पति का ध्यान रखो और बच्चों को पालो। कुछ यूँ सा महसूस होने

लगा था, जैसे मैं कोई इंसान नहीं हूँ, केवल एक मादा शरीर हूँ, जिसे किसी भी नर शरीर के खूँटे पर बाँध देना है।

बँधना नहीं चाहती थी, ऐसा भी नहीं था। रजत को देखकर मेरे मन में भी कुछ-कुछ होता था। मन चाहता था उसे खिड़की से देखती रहूँ। हम दोनों के घर लगभग आमने-सामने थे। उसकी खिड़कियों का रंग बाहर से नीला था। उसी खिड़की में नीली कमीज़ पहने खड़ा रजत, मुझे आकर्षित करने के लिए ज़ोर से चिठकनी बन्द करता था।...मैं अपनी खिड़की में खड़े होकर कभी बाल बनाने लगती तो कभी कुछ गुनगुनाने लगती।...हम खिड़कियों के फ्रेम में जुड़े फोटो ही बने रह गये...खिड़कियों से कभी बाहर ही नहीं निकल पाये।

रजत को मेरा खुले बालों में कंघी फिराना बहुत अच्छा लगता था।...वैसे, अभी हमारी उम्र ही क्या थी।...मैं तो दसवीं में पढ़ रही थी...बचपना! ...पर बचपन का प्यार क्या कभी भुला पाता है कोई ? ...माता-पिता को रजत के बारे में कभी कुछ बता नहीं पाई थी। रजत ने एक दिन कहा भी था कि उसके कालेज की पढ़ाई के बाद, नौकरी लगते ही हम शादी कर लेंगे। रजत, मुझे प्यार तो करता था, किन्तु मेरी पढ़ाई से उसे भी कोई सरोकार नहीं था।...उसने भी कभी अपने मुँह से यह नहीं कहा था कि मेरी पढ़ाई विवाह के बाद भी पूरी हो सकती है। उस समय तो मुझे रजत की यह अदा भी बुरी नहीं लगती थी। उसके लिए तो मैं अपना सर्वस्व, अपना जीवन, होम करने को तैयार थी।

जीवन तो अंततः होम हो ही गया था। माता-पिता के हठ के सामने मेरी एक भी नहीं चल पाई थी।...अपने दूर के किसी रिश्तेदार के पुत्र के साथ बाँध दिया था मुझे पिताजी ने। अभी तो सत्रह की ही थी कि अमिता से श्रीमती यादव हो गई थी। अभी श्रीमती बनने का शहूर भी तो नहीं सीखा था।...रजत की चाँदनी बनना और बात थी। परन्तु रामखिलावन यादव के परिवार के तो नियमों तक से वाकिफ़ नहीं थी मैं।

वाक़िफ़ होने में क्या समय लगना था।...पहली ही रात को पति के वहशियाना बर्ताव ने सब कुछ समझा दिया था कि अमिता यादव बने रहने के लिए, जीवन भर क्या-क्या सहना पड़ेगा।...जैसे एक भेड़िया टूट पड़ा था अपने शिकार पर। निरीह मेमने की तरह बेबस-सी पड़ी थी मैं। पीड़ा की एक तेज़ लहर टाँगों को चीरती हुई निकल गई थी।...शराब और तंबाकू की महक, उबकाई को दावत दे रही थी।...दर्द ने चीख को बाहर निकलने को मजबूर कर ही दिया। चीख़ की परवाह किसे थी। चादर लहू से लथपथ हो रही थी।...चेहरे पर विजयी मुस्कान लिये वोह!...जो मेरा रखवाला था, स्वयं ही मुझे जख्मी और आहत छोड़कर आराम की नींद सो रहा था।

आराम !....इस शब्द से अब मेरा सम्बन्ध सदा के लिए टूट चुका था। रामखिलावन यादव के परिवार ने एक दरिद्र परिवार की पुत्री को अपने घर की बहु बनाया था। बहु के लिए आवश्यक था कि वह घर में ग़रीब बैल की तरह जुटी रहती।...ग़रीब पिता के घर भी ग़रीब थी, और अमीर ससुराल में भी ग़रीब। ...नौकरों के घर में होते हुए भी ऐसा क्यों होता था कि मैं स्वयं अपने आपको उन्हीं नौकरों में से एक पाती थी। मैं क्यों अपने आपको उस घर का सदस्य नहीं बना पा रही थी। कुछ यूँ सा भी तो लगने लगा था जैसे मैं किसी दूसरे ग्रह से भटककर इस ग्रह में पहुँच गई हूँ।...इस भटकाव का ख़मियाज़ा भुगत रही थी।

भटकाव!...मेरे पति के जीवन में ऐसा भटकाव क्यों था ?... इस सवाल का जवाब ढूँढ पाना आसान काम नहीं था। ...मैं...रूप सुन्दरी चाहे ना रही होऊँ, परन्तु मुझे एक बार देखकर लड़के दोबारा मुड़कर अवश्य देखते थे। बहुत से लड़के मुझसे दोस्ती करने को उत्सुक रहते थे। वोह सब केवल उम्र का तक़ाज़ा था या मैं उन्हें सचमुच अच्छी लगती थी।....दर्पण तो आज भी मेरे रूप की गवाही देने से नहीं चूकता। फिर मेरे पति को मुझमें क्या कमी दिखाई देती थी?...क्यों वोह मुझे छोड़कर किसी भी ऐरी-गैरी के पीछ भागता रहता था। सास को भी इसमें कोई बुराई नहीं दिखाई देती थी। उसे लगता था कि उसका लाड़ला है ही इतना सुन्दर कि उसे देखकर किसी भी लड़की का उस पर मर मिटना स्वाभाविक ही है।

स्वाभाविक तो था मेरा उस घर से ऊब जाना।...माता-पिता से निराशा, ससुराल से निराशा, पति से निराशा।...इतनी सारी निराशा के बावजूद मैं ज़िन्दा थी।...सोती थी, जागती थी, मुस्कुरा भी लेती थी, रोती थी।...रोती तो थी ही ...रोने के अतिरिक्त और कर भी क्या सकती थी। और अब तो रोने के साथ सुबह की उल्टियाँ भी शामिल हो गई थीं।

घर की हर चीज़ उल्टी थी...उसके साथ उल्टियाँ तो होनी ही थीं। मैं माँ बनने वाली थी। ...माँ ! माँ तो मेरी भी बहुत अच्छी है। पर मुझे अपनी माँ जैसी माँ नहीं बनना था। ...ढेर से बच्चे पैदा करो और जीवन भर उनकी परवरिश में खटते रहो। कैसा जीवन है यह ?...कभी सोचा करती थी, बस! मुझे एक ही बच्चा चाहिए। ...बेटा हो या बेटी? ...इसके बारे में कभी सोचा ही नहीं था। ...भला मैं अपने बच्चे के लिंग के बारे में क्यों सोचती...क्यों चिंता करती। ...जिनको करनी है, करें।

चिंता करने वालों की कमी थी क्या ?...भला मेरे सोचने या ना सोचने से क्या फ़र्क पड़ने वाला था। ...बाकी सभी को चिंता खाये जा रही थी कि बेटा

होगा या बेटी। ...लड़का होगा तो क्या नाम रखेंगे...उसके ननिहाल से क्या आयेगा। ...कैसा समारोह मनाया जायेगा...ढोल-ताशों का प्रबन्ध कैसा रहेगा ...मुहल्ले भर में मिठाइयाँ बँटेंगी। जाने क्या-क्या किया जायेगा।

कुछ नहीं हुआ।...कुछ नहीं करना पड़ा। ...सब उल्टा-पुल्टा हो गया। घर में लक्ष्मी ने अवतार लिया था।...लक्ष्मी के पुजारी, यादव परिवार वाले लक्ष्मी के आगमन पर भौंचक रह गये थे। उन्हें यह समझ नहीं आ रहा था, कि यह सब कैसे हो गया। मेरी सास के आँसू वर्षा ऋतु के बरसाती नालों को मात देने में व्यस्त थे।...मेरा अपना पति तो पुत्री-जन्म के दो दिन बाद घर लौटा। उसे रेज़गारी कभी पसन्द नहीं आती थी। बड़े-बड़े नोटों से ही उसे लगाव रहता था। लक्ष्मी जी की चिल्लर भला उसे कहाँ भाने वाली थी...ससुर जी की तो नाक ही कट गई थी।

अब मेरी सहनशक्ति भी जवाब देने लगी थी। किसी हत्यारे को भी सम्भवतः ऐसा दंड कभी ना दिया गया होगा जो दंड मुझे नीलिमा को इस संसार में लाने के जुर्म में दिया जा रहा था। शरीर की नस-नस में ज़हर भरा जा रहा था।

"हरामजादी! लौंडी पैदा करके बहुत तीर मारी हो का ?...का समझती हो अपने आप को! ...हमरा सामने मुँह चलाती है! ....ससुरी के सभेई दाँत तोड़े डाले है ना ! तभे ही हमारी बात समझेगी—पतुरिया!"

इतनी बेइज्ज़ती! ऐसा निरादर!...साँस लेने के लिए भी मार खानी पड़ेगी? ...समय आ गया था निर्णय लेने का। ...परन्तु मैं कौन होती थी निर्णय लेने वाली। ...मैं तो यादव खानदान की मात्र बहू थी। निर्णय लेना मेरे अधिकार क्षेत्र के बाहर की चीज़ थी...निर्णायकों ने निर्णय ले ही लिया था। ...मैं...मैं अब रामखिलावन यादव के परिवार के लिए आवश्यक वस्तु नहीं रह गई थी। ...कह दिया गया; बहुत आसानी से कह दिया गया, "इस परिवार को तुम्हारी कोई ज़रूरत नहीं। ...अपनी मनहूस सूरत और उससे भी अधिक मनहूस बेटी को उठाओ और यहाँ से दफ़ा हो जाओ।"

दफ़ा तो हो जाती। पर जाती कहाँ ? माता-पिता तो सुनते ही बेहोश हो जाते। बसा बसाया घर त्यागकर उनकी बेटी वापिस आ गई। भाई और बहनों की भी हमदर्दी तो थी परन्तु सभी की मजबूरियाँ थीं। भाई की धर्मपत्नी थी तो बहनें किसी ना किसी की धर्म-पत्नियाँ थीं। हम लोग कितने धार्मिक हो जाते हैं। धर्म के रिश्ते, खून के रिश्तों के मुकाबले कहीं अधिक वज़नदार हो जाते हैं।

ऐसे में अपने एक पुराने अध्यापक की याद आई थी। अपना बनने के लिए, अपना ना होना कितना आवश्यक होता है। जो अपने होते हैं, वो क़ितनी आसानी

से अपने नहीं रहते। और जो अपने नहीं होते, बिना किसी स्वार्थ के किसी को अपना लेते हैं। ऐसे ही हैं अपने पुरी सर! बिना किसी मतलब के अपना संरक्षण भरा हाथ मेरे सिर पर रख दिया था। उनके संरक्षण का सीधा सा अर्थ था मेरी पढ़ाई का पुनजीर्वित होना।...आज भी उनका मार्गदर्शन मेरे जीवन के लिए उतना ही आवश्यक है जितना कि घर से निकाले जाने के बाद, पहले दिन था।

तब से जीवन का हर दिन ही पहला दिन लगने लगा है। क्या कुछ नहीं बीत गया इतने वर्षों में। समुद्र की गहराई की थाह पा सकना यदि कठिन है, तो जीवन की गहराई की थाह पा सकना तो लगभग असम्भव है। ...उसी जीवन की गहराई खोजने में ही सारी ज़िन्दगी ख़र्च होती जा रही है।

अब मुझे आदमी की जात से नफ़रत होने लगी थी। ...हर आदमी में मुझे केवल नर शरीर ही दिखाई देता था, जो कि किसी भी मादा पर झपटने को तैयार हो। ...यदि कोई नर शरीर मुझे बस या गाड़ी में छू भी जाता तो एक जुगुप्सा की सी भावना होती थी। पूरे जीवन का बस एक ही केंद्रबिंदु बनकर रह गया था—नीलिमा। ...नीलिमा को क्या अच्छा लगता है, नीलिमा कैसे नहाती है, कैसे खाती है, कैसे तुतलाती है। नीलिमा का वजूद मेरे ज़िन्दा रहने का एकमात्र कारण था। ...डरती थी कहीं सूर्य की गरम किरण भी उसके शरीर को छू ना जाये।

गरमी, सर्दी, वर्षा, वसन्त, पतझड़—सभी तो नीलिमा के शरीर को छूते गये। नीलिमा की उम्र देखकर याद आया कि मुझे भी अखबार के दफ़्तर में काम करते पंद्रह वर्ष से ऊपर हो गये। अपने नाम के साथ यादव लिखना तो मुझे कभी भी अच्छा नहीं लगा था। ...अब तो जैसे अपना नाम ही भूल गई हूँ।...एक बार प्रियदर्शिनी के नाम से लिखना शुरू किया तो बस कॉलम दर कॉलम यही नाम मेरे साथ जुड़ता चला गया। नीलिमा का नाम भी स्कूल में नीलिमा प्रियदर्शिनी ही हो गया था।

प्रियदर्शिनी के साथ भी कई लोगों ने जुड़ने की कोशिश की थी।...शायद किसी ना किसी का प्यार सच्चा भी रहा हो। किन्तु मेरे पास फुरसत ही कहाँ थी, किसी की भावनाओं को समझने की। हर आदमी को देखकर यादव ही याद आता था। और ऐसा होते ही लगता था कि मेरे साथ-साथ मेरे माहौल की हवा का भी दम घुटने लगा हो।

माहौल से लड़ पाना कौन सी आसान बात है। अख़बार की दुनियाँ में अपने आप को खपा पाना तो और भी मुश्किल काम था। यहाँ हर आदमी अपने आप को फ़न्ने ख़ाँ समझता है। ग़लती से भी किसी के मुँह से दूसरे की तारीफ़ नहीं निकलती। तारीफ़ के मामले में कंजूसी, जेब में हाथ डालने में कंजूसी। हर बन्दा

दूसरे का गला काटने को तत्पर। सुबह-शाम आसामियाँ ढूँढने का चक्कर! शाम की दारू का जुगाड़। ...यह था मेरा माहौल—जहाँ मुझे अपने आप को ज़िंदा रखना था।

ज़िंदा रहना! जिजीविषा! कितनी अर्थपूर्ण स्थिति! ...ज़िंदा तो माँ-बाप के घर में भी थी; जिंदा तो यादव के घर में भी थी। फिर ज़िन्दा तो यादव के घर से निकाले जाने के बाद भी थी।...ज़िन्दा तो आज भी हूँ।...पर क्या यह सारी स्थितियाँ एक जैसी हैं? क्या इन सब स्थितियों को एक ही शब्द 'ज़िन्दा' वर्णित कर सकता है? क्या घुटे दम साँस लेने को भी ज़िन्दा रहना कहेंगे। क्या इंसान को केवल इसलिए ज़िन्दा मान लिया जाये क्योंकि उसके दिल की धड़कन अभी तक चल रही है?

नीलिमा साँस लेती थी तो मेरे दिल की धड़कन सुनाई देती थी। बिंदियों वाला लाल फ्रॉक पहने, बालों की पोनी टेल बनाए, सफेद जूते पहने जब नीलिमा दौड़ती हुई मेरी बाहों में आकर लिपट जाती थी, तो जैसे मैं सारी कायनात को अपनी बाँहों में समेट लेती थी। जब पहली बार उसने मुझे 'म...म्मा' कहा था तो इस शब्द के अर्थ ही मेरे लिए बदल गये थे। आकाश में उड़ते बादल जैसे वर्षा की फुहारों के रूप में इसी शब्द को बार-बार धरती की ओर प्रेषित कर रहे थे।

वर्षा का भाई सौरभ भी तो मुझे अपने मन की भाषा प्रेषित करने की असफल कोशिश करता रहा। वैसे तो उसकी भावनाएँ मुझे समझ आ गई थीं। ...सम्भवतः मेरी भावनाएँ अपनी निद्रा से जाग भी जातीं। पर वर्षा ने उन भावनाओं को अपने गुस्से की बाढ़ में बहा दिया। वह कहने को तो 'मेरी सहेली' थी किंतु यह बरदाश्त नहीं कर पा रही थी कि उसका अपना भाई किसी परित्यक्ता से सम्बन्ध जोड़े। हमारी मित्रता रिश्तों के बोझ तले दब गई थी।

बोझ तले तो जीने की सारी आकांक्षाएँ, अरमान, दबे हुए थे। नीलिमा, इस बीच, उस बोझ से बेखबर, बड़ी हुई जा रही थी। मेरी चिंता में बढ़ोत्तरी होती जा रही थी। नीलिमा है भी तो सरू की तरह लंबी। सुन्दर भी कितनी है, मरी! एक बार जो उसे देखता है, तो नज़रें ही नहीं हटतीं। पाँच बच्चों का ग्रहण लगने से पहले मेरी माँ भी ऐसी ही सुंदर दिखती थीं।

माँ! यह शब्द मेरे मुँह से निकले तो एक अर्सा ही बीत गया है। पर नीलिमा के मुँह से यह शब्द सुनकर जैसे मरुस्थल से मेरे दिल में ठण्डी हवा का एक झोंका सा महसूस होता है। अब तो कालेज जाने लगी है। आत्मविश्वास तो कूट-कूट कर भरा है उसमें। उसकी उम्र में जब मैं थी तो उसे गोद में लिये घर से निकाली भी जा चुकी थी।

हैरानी की बात यह है कि मैं भी नीलिमा को घर से निकालने के बारे में सोचने लगी थी।....सोचती थी कि उसे विदा कर दूँ, उसके हाथ पीले कर दूँ। फिर एकाएक मन में डर सा बैठने लगा था। नीलिमा को पढ़ाई करनी होगी। मेरी तरह उसकी किस्मत किसी यादव के घर से नहीं बँधेगी। ...उसे किसी अंकल पुरी की सरपरस्ती का मोहताज नहीं होना पड़ेगा। ...नीलिमा की पढ़ाई में कम से कम मैं स्वयं तो रोड़े नहीं ही अटकाऊँगी। नीलिमा को अपने पैरों पर खड़ा होना होगा। जब इतना जीवन बीत ही गया है, तो आज अचानक नीलिमा के विवाह के बारे में सोचना क्या उचित होगा?

उचित-अनुचित की परवाह किये बिना ही किस्मत हमारी ही बिल्डिंग में समीर को ले आई थी। समीर ने हाल ही में डॉक्टरी की थी। अमरावती से पढ़ाई पूरी करके आया था। ...पास ही के हस्पताल में 'हाऊस-जॉब' कर रहा था। ...उससे मुलाकात भी अनायास ही हो गई थी। लिफ़्ट में फँस गया था। बेचारा। ...अचानक बत्ती गुल। हमारी ही मंज़िल पर लिफ़्ट रुक गई थी। ...काफ़ी शोर सा सुनाई दिया था। बाहर आकर देखा तो लिफ़्ट अटकी पड़ी थी। मेरा तो पूरा जीवन ही किसी अटकी हुई लिफ़्ट के समान था। ऊर्जा का अभाव, दिशा विहीन, स्पंदनहीन।

फिर भी लिफ़्ट में से मैंने ही उसे बाहर निकाला था। यद्यपि लिफ़्ट में फँसने का मेरा अपना तो कोई अनुभव नहीं है, परन्तु एक छोटी सी जगह में घुटन का आभास मैं अच्छी तरह महसूस कर सकती हूँ। इसीलिए मैंने वाचमैन से अच्छी तरह सीख लिया था, कि लिफ़्ट के फँस जाने पर निकलने का रास्ता कैसे बनाते हैं।

समीर के चेहरे की मासूमियत ने मुझे पहली नज़र में ही आकर्षित कर लिया था। उसके बात करने का ढंग, तहज़ीब किसी को भी प्रभावित करने में सक्षम थे। सम्भवतः लिफ़्ट में फ़ँसा होने की शर्म से उबर नहीं पाया था, अभी। घबराहट और बौखलाहट से बना पसीना उसकी कमीज़ को गीला किये हुए था। माथे पर उभरी पसीने की बूँदें अपनी कहानी स्वयं ही सुना रही थीं।

कहानी तो हर व्यक्ति के जीवन का एक अभिन्न हिस्सा होती हैं। कहानियाँ बनती हैं टूटती हैं। ज़िंदगी की टूटन, कहानियों की टूटन से कहीं अधिक दर्द पैदा कर जाती है। ...समीर के जीवन की भी एक कहानी थी। उसके सुखी बचपन की कहानी। पिता के पार्टनर के धोखे की कहानी! हवालात में बन्द पिता की कहानी! ...माता-पिता की आत्महत्या की कहानी! उसके अकेलेपन की कहानी! इस विकराल दुःख की कहानी के बावजूद डॉक्टर बनने के अपने सपने को साकार करने की कहानी।

सपने तो मेरे मन में भी जगा गया था समीर! एक बार फिर नीलिमा और समीर को लेकर सपनों के जाल बुनने लगी थी। समीर अब रात का खाना अक्सर हमारे साथ खाने लगा था। परिवार में अचानक एक मर्द के आ जाने से वातावरण अलग सा होने लगा था। नीलिमा समीर से छोटी-छोटी बातों पर झगड़ने लगती थी। समीर का धीर गंभीर चेहरा, नीलिमा की हर बेहूदगी बरदाश्त कर जाता। अगर मैं नीलिमा को डाँटती तो नीलिमा की ही तरफ़दारी करता, "आप क्यों डाँटती हैं उसे। बच्ची है अभी।" मेरा सपना और इंद्रधनुषी हो जाता।

इंद्रधनुष के सातों रंगों में से अलग-अलग कोई भी मेरा प्रिय नहीं है। पर सातों रंग मिलकर जब सफ़ेद रंग बनता है तो मुझे अपना सा लगने लगता है। 'सैल्फ प्रिंट' की सफ़ेद साड़ी लिये समीर, मेरे जन्म-दिन पर सुबह-सुबह आ गया था। बहुत मना करने पर भी मुझे यह उपहार लेना ही पड़ा। और उसी साड़ी को पहनकर हम शाम को चौपाटी की रेत पर खेलते रहे।

उस शाम मैंने नीलिमा की आँखों में एक विशेष चमक देखी थी। हालाँकि नीलिमा अपने चेहरे के भाव आसानी से व्यक्त नहीं होने देती। पर मैं तो उसकी माँ हूँ। जब वो रुई के फाहे की तरह मुलायम सी गुड़िया थी, तब से उसे देख रही हूँ। उसकी आँखों का क्षणिक बदलाव भी भला मेरी नज़र से कैसे बच सकता है। उसका समीर की ओर देखना और पकड़े जाने पर शरमा कर नज़रें झुका लेना।

दूसरी ओर समीर का धीर गम्भीर चेहरा। सब ठीक है। मुझे ऐसा ही दामाद चाहिए, जो नीलिमा को पति के प्यार के साथ-साथ, पिता होने का अहसास भी करा दे। उन दोनों का समुद्र की लहरों से खेलना देखकर, मैं मन ही मन अंदाज़ लगा रही थी कि जीवन की लहरों से यह दोनों कैसे निबटेंगे।

पहले तो नीलिमा को पढ़ाई और नाटक के अतिरिक्त और कुछ नहीं भाता था। ...समीर आकर बैठा रहता था, मुझसे बातें करता रहता था और नीलिमा अपने आप में मस्त रहती थी। ...फिर धीरे-धीरे उसमें एक बदलाव आया। ...वो समीर में मगन दिखाई देने लगी थी।...रंगमंच के नाटक से कहीं अधिक अनोखा मोड़ उसके अपने जीवन में आ रहा था। ...घर में पालक-पनीर अक्सर बनने लगा था। चाय की पत्ती की जगह 'टी-बैग' इस्तेमाल होने लगे थे, रात को कॉफ़ी बनने लगी थी, नये फ़िल्मी गीतों को जगजीत सिंह ने परे धकेल दिया था और नीलिमा स्कर्ट और मिडी की जगह सलवार कमीज़ पहनने लगी थी। ...उसे यह सब करने को मैंने तो नहीं कहा था।

नीलिमा की इन्हीं बातों ने मुझे इतनी हिम्मत दी कि मैं समीर से नीलिमा के बारे में बात कर सकूँ। केवल सही समय और सही मौके की तलाश थी।

सचमुच के घर बनाने और रेत के घरौंदे बनाने में तो बहुत फ़र्क होता है। रेत के घरों को तेज़ हवाएँ उड़ा ले जाती हैं। समुद्र की तेज़ लहरें उसे बहा ले जाती हैं। मैं भी डर रही थी कहीं मेरे ख़्याली पुलाव भी समुद्री फेन की तरह ना साबित हों।

ख़्याल तो मुझे सीधे रजत के पास ले जाते थे। ...कहीं मन में यह भी विचार उठ रहे थे कि जो काम मैं और रजत पूरा नहीं कर पाये, वोह काम नीलिमा और समीर शायद सरअंजाम दे पायें। ...डॉक्टर दामाद के बारे में सोचकर सुख से भीगी जा रही थी।

सुख के ऐसे ही एक क्षण में समीर से बात शुरू कर बैठी। बाहर हल्की-हल्की बयार चल रही थी जो खिड़की के पल्ले से टकराकर घर के अन्दर तक फैलती जा रही थी। सूरज की लालिमा शाम का साथ छोड़ती जा रही थी और रात को दावत दे रही थी। नीलिमा कहकर गई थी कि शाम को घर आने में देर हो जायेगी। ऐसे में समीर घर में दाखिल हुआ। बड़े अधिकार से एक कप चाय की माँग की। ...मैं अपना कॉलम लिख रही थी। ...कॉलम छोड़कर किचन में जाना अच्छा लग रहा था।

चाय बनाकर समीर के सामने रख दी। उसने एक बिस्कुट स्वयं ही उठा लिया था। आराम से चाय में डुबा-डुबाकर खा रहा था अपना बिस्कुट। ...अपनी पुरानी आदत अपने सामने सजीव देख रही थी। हिम्म्त जुटा ही ली, ''समीर, विवाह के बारे में कुछ सोचा है ?''

''आपके अलावा मेरा है ही कौन जो मेरे विवाह के बारे में सोचे।'' समीर ने दूसरा बिस्कुट उठा लिया था।

मेरे दिल की धड़कन तेज़ हो गई थी। आख़िर नीलिमा के भविष्य का फ़ैसला होने वाला था। ''नहीं समीर, मेरा मतलब था, क्या तुम खुद शादी के बारे में मन पक्का कर रहे हो ?''

''जी ! सोच तो रहा हूँ।''

''अपनी होने वाली पत्नी के बारे में कुछ सोचा है तुमने ? ...तुम्हें कैसी पत्नी की तलाश है ?''

समीर कुछ क्षणों के लिए सोच में पड़ गया। और फिर बोला, ''प्रियदर्शिनी जी, बस कोई अपने जैसी ढूँढ दीजिये। ...फट से कर लूँगा शादी।''

मैं हवा मैं तैरने लगी थी। नीलिमा से बढ़कर मेरे जैसी कौन हो सकती थी? ...जैसे समीर ने मुझे हरी झंडी दिखा दी थी। मेरे सपनों को साकार करने का इशारा दे दिया था। ''समीर, नीलिमा के बारे में तुम्हारी क्या राय है ? उससे बढ़कर तो मेरे जैसा कोई नहीं होगा। क्या वोह तुम्हारी पत्नी की तस्वीर में रंग

भर सकती है ?"

"जी आपने एकदम सही फ़रमाया कि मैं आजकल सीरियसली शादी के बारे में सोच रहा हूँ। ...पर नीलिमा! नीलिमा तो अभी बच्ची है। उससे शादी के बारे में कैसे सोचा जा सकता है? मैं...मैं उसे पसन्द करता हूँ...प्यार करता हूँ पर शादी के लिए नहीं। ...मैं उसका बड़ा भाई हो सकता हूँ, पिता हो सकता हूँ। ...आपको लगता है, इस दुनियाँ में नीलिमा सबसे ज़्यादा आप जैसी हो सकती है। ...मैं ऐसा नहीं मानता...आप जैसी ज्यादा आप खुद हो सकती हैं...मैं इस घर में रोज़-रोज़ आता हूँ तो आपके लिए...नीलिमा के लिए नहीं। ...मुझे आपसे अच्छी पत्नी कहीं नहीं मिल सकती। मैं...मैं आपसे प्यार करता हूँ प्रियदर्शिनी!" समीर एक तूफ़ान की तरह मेरे कानों से टकराया। ...उसने अपना हाथ मेरे हाथ पर रख दिया था।

तूफ़ान ने सारे घर को हिलाकर रख दिया था। मुझे लगा घर की दीवारें ध्वस्त होकर नीचे गिर पड़ी हैं। समीर के शब्द दीवारों के पार खड़ी नीलिमा को आहत कर गये हैं। मैंने अपना हाथ हटा लिया....मैं....नीलिमा की माँ... प्रियदर्शिनी...स्वयं...उस की सौत! समीर यह तुमने क्या कह दिया ? ...मेरी वर्षों की तपस्या की चूलें हिला दीं।...मैंने नज़रें उठाईं तो समीर जा चुका था। ...मैं टूटी हुई दीवारों का मलबा समेटनी लगी।

कैंसर

क्या हो गया है मुझे ? मुझ जैसा तर्कसम्मत व्यक्ति भी किन चक्करों में फँस गया है ? ...क्या प्यार मनुष्य को इतना कमज़ोर बना देता है ? ....नहीं...सम्भवतः प्यार के खो जाने का डर उससे कुछ भी करवा सकता है। ...शायद...इसीलिए इस कैंसर समूह ने मुझे इस बुरी तरह जकड़ लिया है।

कैंसर !

''युअर वाईफ़ इज़ सफ़रिंग फ़्राम कार्सीनोमा...''

उस समय इन शब्दों का वज़न ठीक से महसूस नहीं हो पाया था। इतने भारी भरकम नाम वाली बीमारी ने जैसे मुझे बौरा दिया था। डॉ. पिण्टो अपने प्रोफ़ेशनल अंदाज़ में मुझे समझा रहे थे कि मेरी पत्नी को क्या बीमारी हो गई है।

''इसका मतलब क्या हुआ डॉक्टर साहिब ?'' मेरी आवाज़ रिरियाती हुई सी निकली थी।

''वैल ! सीधे सादे शब्दों में यूँ भी कह सकते हैं, कि आपकी वाईफ़ को कैंसर है और उनकी 'लेफ़्ट ब्रेस्ट' का आपरेशन करना होगा...यानि कि 'रैडिकल मैसेक्टमी'।

डॉ. पिण्टो की आवाज़ बार-बार मेरे कानों के पर्दों से टकराकर एक गूँज उत्पन्न कर रही थी–'कार्सीनोमा'...'रैडिकल मैसेक्टमी'...यानि कि पत्नी की ब्रेस्ट का आपरेशन।

पूनम को कैसे बताऊँगा?...कल उसका जन्मदिन है...तैंतीसवाँ जन्मदिन। ...क्या यह समाचार उसके जन्मदिन का तोहफ़ा है? ...क्या उससे झूठ बोल जाऊँ? ...पर वह क्या कोई दूध पीती बच्ची है? ...रिपोर्ट तो माँगेगी ही...देखेगी भी ...और पढ़ेगी भी। ...तो फिर?

'रैडिकल मैसेक्टमी'। ...यानि कि बाँई ब्रेस्ट का काटना...यानि कि पूनम अधूरी...यह मैं क्या सोचने लगा ? ...क्या मैं पूनम को केवल छातियों की गोलाई के कारण प्यार करता हूँ ? ...विवाह के दस वर्षों का अर्थ क्या केवल छातियाँ ही हैं? ...नहीं-नहीं...यह ऑपरेशन तो क्या दुनियाँ का कोई भी हादसा उसकी पूनम को अधूरा नहीं बना सकता। ...पूनम तो मेरे जीवन भर का सरमाया है ...मेरी पूँजी है।

मुझे दस वर्ष चाँद-सी ठण्डक देने वाली पूनम पर अब क्या गुज़रने वाली है? ...आकांक्षा तो थोड़ी समझदार है...आठ वर्ष की हो गई है...परन्तु अपूर्व तो अभी केवल तीन साल का ही है। ...क्या वह अभी से बिन माँ का हो जायेगा? ...क्या पूनम भी बस एक तस्वीर बनकर लटक जायेगी, जिस पर एक हार चढ़ा होगा ?

''फिर आप क्या सलाह देते हैं डॉक्टर साहिब'', मेरी आवाज़ रो रही थी।

''इसमें अब सलाह जैसी तो कोई बात है ही नहीं मि. मेहरा! मैं तो यही कहूँगा कि ऑपरेशन जल्दी से जल्दी हो जाना चाहिए। अब यह ऑपरेशन चाहे आप टाटा से करवायें या हमारे यहाँ...ऑपरेशन है बहुत ज़रूरी।...फिर आप तो किस्मत वाले हैं...अभी तो पहली स्टेज है टी.वन,एन.ज़ीरो।''

''आपका मतलब है...अभी फैला नहीं है?'' मेरी आवाज़ जैसे कमरे में चारों ओर फैल गई थी।

जब चावला आण्टी का ऑपरेशन हुआ था, तो जैसे मुझे कुछ भी महसूस नहीं हुआ था। ...वे बेचारी रेडियेशन को बिजली और कीमोथिरेपी को बड़ा इंजेक्शन कहने वाली अनपढ़ आण्टी। पर आण्टी के ऑपरेशन को तो आठ वर्ष हो गये। चावला आण्टी तो उस समय ही पैंतालीस से ऊपर की थीं।...किन्तु डॉ. पिण्टो तो कुछ और ही कह रहे थे, ''वो क्या है मि. मेहरा आई वुड पुट इट दिस वे, कि ब्रेस्ट कैंसर में मरीज़ जितना जवान रहता है, इलाज उतना ही मुश्किल हो जाता है। मंथली हार्मोनल डिस्टरबैंस इलाज में सबसे बड़ी बाधक होती है। ...मेनोपॉज़ के बाद मरीज़ का इलाज उतना ही ज़्यादा आसान हो जाता है।''

पूनम तो अभी तैंतीस भी पूरे नहीं कर पाई। ...सबसे पहले दिल्ली फ़ोन करता हूँ। बाऊजी से सलाह करता हूँ। ...पर बाऊजी तो स्वयं ही दिल के मरीज़ हैं। इस समाचार से न जाने क्या असर होगा उनकी सेहत पर ? बम्बई शहर में एक भी तो रिश्तेदार नहीं अपना...परदेस जैसा देश है। ...पूनम के घरवालों से तो बात करनी ही होगी। उनसे सलाह किये बिना तो कोई भी कदम नहीं उठाना चाहिए।

पर जिसके बारे में कदम उठाना है, पहले उससे तो बात कर लूँ। आकांक्षा भी तो दम साधे, अपनी ममी की रिपोर्ट की प्रतीक्षा कर रही होगी। अपूर्व तो अपने खिलौनों में मस्त होगा। ...पूनम के दिल पर यह प्रतीक्षा की घड़ियाँ क्या असर कर रही होंगी? ...उसने तो कहा भी था कि अस्पताल से ही फ़ोन कर देना...फ़ोन करने की हिम्मत मुझमें थी कहाँ ? ...क्या कहता ?

कहना तो पड़ेगा ही। सब कुछ बताना पड़ेगा। फ़िल्मों में लोग कितनी आसानी से मरीज़ से उसकी बीमारी छुपा लेते हैं।...पूनम को क्या कहूँ, "पुन्नी, क्योंकि तुम्हें जुकाम हो गया है, इसलिए तुम्हारी बाँई ब्रेस्ट कटवाने जा रहा हूँ।" ...आज समझ आ रहा था कि पूनम क्यों सदा ही चावला आंटी के प्रति सहानुभूतिपूर्ण रवैया रखती थी। ...क्यों उनकी छोटी से छोटी ज़िद भी पूरा करने की कोशिश पूनम करती थी। ...सहज नारी प्रतिक्रिया।

प्रतिक्रिया तो व्यक्त करता है चन्द्रभान। बात-बात पर बहस करने को उतारू हो जाता है। कहने को तो मेरा मित्र है, किन्तु उसके पास हर मर्ज़ का एक ही इलाज है—विश्वास! ...देवी-देवताओं में अन्ध-विश्वास। वह तो यह भी पूछ बैठेगा, "डॉक्टर के पास गये ही क्यों ?" उसे तो डॉक्टरी और शल्यक्रिया समझ ही नहीं आती।

वैसे यदि डॉक्टर के पास न भी गये होते तो भी क्या फ़र्क पड़ता ?...पूनम को न तो कोई दिक्कत थी न ही कोई शिकायत। ...दर्द, बुखार, थकान, कमज़ोरी ...कुछ भी तो नहीं था। वो दिन भी कितने खुशी के दिन थे। सारा परिवार लन्दन में छुट्टियाँ मना रहा था। चार सप्ताह कैसे जल्दी से बीत गये थे, पता ही नहीं चला था। आकांक्षा तो अभी भी वाटर पैलेस, चेज़िंगटन ज़ू, आल्टन टावर की बातें करती नहीं थकती। मैडेम टुसाड में तो पूनम भी चकित रह गई थी कि मोम के पुतले कितने असली लग सकते हैं। ...किन्तु पूनम का व्यवहार सदा की भाँति सधा हुआ, संतुलित था। अपनी खुशी और उदासी पर न ज़ाने कैसा नियंत्रण था उसका।

वहीं लंदन में ही एक दिन नहाकर गुसलखाने से बाहर निकली तो बाँई छाती में छोटी-सी गाँठ महसूस हुई थी। उस गाँठ को खोलना कितना मुश्किल पड़ रहा है। पूनम का व्यवहार तो गाँठ देखने के बाद भी पूरी तरह से नियंत्रित था।

नियंत्रण ! यही तो पूनम की विशेषता है। पर क्या आज का समाचार सुनने के बाद भी वह अपनी भावनाओं पर काबू पा सकेगी। यदि वह बेकाबू होने लगी तो मैं स्वयं क्या करूँगा? ...मैंने तो अपने दस वर्षीय विवाहित जीवन में पूनम को आन्दोलित होते कभी देखा ही नहीं। आज उसकी प्रतिक्रिया क्या होगी?

वह तो बड़ी से बड़ी दुर्घटना को सहज रूप से ले लेती है।

"मेरे ममी-डैडी मेरी शादी की बात कहीं चला रहे हैं।" पूनम ने बहुत सादगी से बता दिया था। आर्ट्स फ़ैकल्टी के बाहर बैठा कुल्चे-छोले खा रहा था। दरअसल कुल्चे-छोले तो पूनम को खाने पड़ते थे। मैं तो उसका टिफ़िन ही खाया करता था। ...अगला कौर तो हाथ में ही रह गया था। इतनी बड़ी बात और पूनम आराम से कुल्चा खा रही थी। ...तो फिर क्या करें?" मैं घबरा गया था।

"मैं अपने जीजा जी से बात करूँगी। अगर वे मान गये तो ममी-डैडी को मना लेंगे।"

जीजाजी, भाईजी, ममी-डैडी और बहनें सभी मान गये थे। पूनम को कोई भी भला कैसे इंकार कर सकता है। उसके व्यक्तित्व से अभिभूत हुए बिना कोई रह ही नहीं सकता। कालेज में भी तो कितने ही लड़के उस पर मरते थे। परन्तु पूनम ने मुझे चाहा तो बस...।

ख़ूबसूरत लम्हों का एक सागर इकट्ठा कर लिया है पूनम ने मेरे लिए। कई जीवन उन हसीन लम्हों के सहारे बिता सकता हूँ। ग़र्दिश के दिनों में दोनों फ़र्श पर बिस्तर बिछाकर भी सोये। एक-एक करके पूनम ने घर की सभी चीज़ें बनाईं। ...घर बनाया। मुझे सँवारा, तराशा। और आज जब अपनी मेहनत का फल पाने का समय आया तो यह बीमारी।

मुझे मालूम था यही होगा। पूनम ने मुझसे बिना कुछ पूछे ही रिपोर्ट मेरे हाथ से ले ली थी। रिपोर्ट पढ़ने के बाद काफ़ी समय कमरे में एक मुर्दा चुप्पी छाई रही। आकांक्षा की आँखें अपनी ममी पर गड़ी थीं।

"पूनम घबराने की कोई बात नहीं। डॉ. पिण्टो कह रहे थे कि बहुत इनीशियल स्टेज है। और इस स्टेज पर तो शर्तिया इलाज हो सकता है।"

पूनम ने रिपोर्ट एक तरफ़ सरका दी। आकांक्षा को अपने पास भींच लिया और उसके सिर पर एक चुम्बन अंकित कर दिया। उसकी दोनों आँखों में आँसुओं की एक लकीर सी उभर आई थी। वो लकीर मुझे अन्दर तक कहीं चीर गई थी। उस रात बिना भोजन किये हम सब सो गये थे।

सुबह आकांक्षा जब स्कूल चली गई और अपूर्व नर्सरी में तो पूनम ने मुझे सँभाला, "जब कह रहे हो कि पहली स्टेज है तो चेहरे पर मुर्दनी क्यों फैला रखी है। चावला आंटी भी तो कितने सालों से चल ही रही हैं। मैं भी ठीक हो ही जाऊँगी।"

मुझे लग रहा था मुझसे बड़ा बेवकूफ़ दुनियाँ में दूसरा कोई हो ही नहीं सकता। पूनम का हौसला मुझे बढ़ाना चाहिए था और यहाँ सब कुछ उलटा हो रहा है। बस आगे बढ़कर पूनम को बाँहों में भर लिया था।

बिल्डिंग में बात फैलते देर नहीं लगी। करुणा को पूनम ने बताया; करुणा ने मधु को और मधु ने मिसेज़ रंगनाथन को। मिसेज़ रंगनाथन को पता लगने का अर्थ है कि पी टी आई और यू एन आई दोनों को एक साथ पता चलना। नेशनल नेटवर्क पर बिल्डिंग में शोर मच गया। टाटा के डॉक्टरों के नाम, पते सब मालूम होने लगे। मेरा विश्वास अभी भी डॉ. पिण्टो में पूरी तरह जमा हुआ था।

डॉ. पिण्टो के क्लिनिक में एक बार फिर पहुँच गये, "डॉ. पिण्टो! आपसे एक सवाल पूछना है। ...मैं अपनी पत्नी का आपरेशन टाटा के किसी भी डॉक्टर से करवा सकता हूँ, विदेश चाहूँ तो वहाँ भी ले जाऊँ। फिर भला आपसे ही हम आपरेशन क्यों करवायें।"

एक क्षण के लिए गुस्सा डॉ. पिण्टो के चेहरे पर आया और कपूर बनकर उड़ गया। उन्होंने अपनी छाती पर क्रास बनाया, "मिस्टर मेहरा, मैंने तो एक बार भी आपसे नहीं कहा कि आपरेशन आप मुझसे ही करवाएँ। आप पिछले बीस मिनट से मुझसे बातें कर रहे हैं। ज़रा टाटा में करके देखिए। और फिर बम्बई में एक भी कैंसर सर्जन ऐसा नहीं है जिसने टाटा में काम न किया हो। आपरेशन आप कहीं से भी करवाइये, किसी से भी करवाइये, पर जल्दी करवाइये।....अभी पहली स्टेज है.. कहीं देर न हो जाये। आई वुड पुट इट दिस वे...कि आजकल हर बड़ा अस्पताल कैंसर सर्जरी के लिए पूरी तरह से 'इक्विप्ड' है। ...और सर्जन लोग तो छोटे नर्सिंग होम्ज़ में भी आपरेशन कर देते हैं। ...बाकी आप जैसा ठीक समझें।"

डॉ. पिण्टो की दो टूक बातों ने पूनम और मेरा दोनों का दिल जीत लिया था। कुछ क्षणों के लिए हम दोनों कैंसर की भयावहता से जैसे मुक्त हो गये थे। कभी हम डॉ. पिण्टो को दखते तो कभी जीज़स क्राइस्ट की फ़ोटो को। आपरेशन का दिन तय कर आये हम दोनों।

रात आने का समय तो तय है। अबकी बार डर रहे थे कि रात अपने साथ-साथ क्या-क्या लाने वाली है। कितनी लम्बी होगी यह रात। क्या इस रात के बाद सवेरा देख पायेंगे।

बच्चे सो चुके थे। आपरेशन को बस चार रातें बाकी थीं। मन में उमड़ते-घुमड़ते विचार जैसे रिले रेस दौड़ रहे थे। पहला ख़्याल हट भी नहीं पाता था कि दूसरा उसकी जगह ले लेता था। मैं उन विचारों की उधेड़-बुन में फँसा हुआ था जब पूनम रसोई की बत्ती बुझाकर बेडरूम में पहुँची। रोज़ की तरह आज भी सोने से पहले स्नान करके आई थी। बदन से चन्दन की खुशबू उसकी नाइटी की लक्ष्मण रेखा को तोड़कर बाहर पूरे कमरे में फैल रही थी। आकर चुपचाप

बिस्तर पर लेट गई। सदा की तरह आँखें बन्द कर गायत्री मंत्र का जाप करने लगी। मैं उस सात्विक चेहरे को निहारे जा रहा था। समझ ही नहीं आ रहा था ऐसे फ़रिश्ते भी ऐसी भयानक बीमारी के शिकार हो सकते हैं।

"मुझे बहुत प्यार करते हो ?"

"यह क्या बात पूछी तुमने ?"

"मुझे तुमसे एक बहुत बड़ी शिकायत है नरेन। तुम कभी भी मेरे बारे में पुज़ेसिव नहीं हुए। ...मैं चाहे किसी से बात करूँ, किसी के साथ घूमने जाऊँ, तुम्हें बुरा ही नहीं लगता। ...मुझे लेकर तुम्हारे दिल में कभी जलन या ईर्ष्या की भावना नहीं जागती। ...एक बात बताओ...मेरे शरीर को भी उतना ही प्यार करते हो...जितना कि मुझे?"

"पूनम!"...

"नहीं, सच-सच बताओ।...आज तुम्हारे मुँह से सुनना चाहती हूँ।"

"मैं सिर से पाँव तक, तुम्हारे शरीर के एक-एक अंग से बहुत प्यार करता हूँ पुन्नी।"

और पूनम ने अपनी नाइटी उतार दी थी, "देख लो नरेन, जितना जी चाहे देख लो। जितना प्यार करना चाहो कर लो। अब तो बस चार रातें बाकी हैं। फिर ज़िन्दगी कभी भी सहज नहीं हो पायेगी। ...तुम्हारी अपनी प्यारी चीज़ सदा के लिए बिछड़ जायेगी। ...मुझसे नफ़रत तो नहीं करने लगोगे...सच! इसमें मेरा कोई दोष नहीं है नरेन।"

फूट पड़ी थी पूनम की रुलाई। मेरी छाती उसके आँसुओं से गीली हो रही थी। मुझे ही फ़ैसला करना था। पूनम को समझा देना था कि एक छाती के साथ भी पूनम मेरे लिए उतनी ही आकर्षक, प्यारी और ज़रूरी होगी, जितनी कि आज! मुझे एकाएक बहुत बड़ा हो जाना था। मैं पूनम की परिपक्वता पर आश्रित होने का आदी हो चुका था। अब मुझे अपने किरदार को पूरी शिद्दत से समझना होगा, निभाना होगा।

डॉ. पिण्टो का विश्वास, पूनम का साहस और हालात की संजीदगी सब मेरी हिम्मत बढ़ा रहे थे। आपरेशन से एक दिन पहले पूनम को अस्पताल में भर्ती करवाना था। छाती का एक्सरे, खून टेस्ट, ई.सी.जी. और जाने क्या-क्या। रात को खाना भी पूनम को जल्दी खिला दिया गया था। रात को डॉ. पिण्टो के सहायक डॉ. शाह और डॉ. दवे दोनों पूनम का चेकअप करने आये थे। मैं अब भी उम्मीद लगाये बैठा था कि शायद उनमें से कोई कह दे कि पूनम को कैंसर नहीं है।

कमरे से बाहर निकलते-निकलते डॉ. दवे की आवाज़ कानों से टकराई,

''शिरीश, यू थिंक 'सर' हैज़ डायगनॉज़्ड दि केस करेक्टली?''

''हाँ यार ! सिम्पटम तो कोई दिखाई दे नहीं रहा। शी लुक्स परफ़ेक्टली नार्मल, एण्ड सो यंग।''

दम साधे सब सुन रहा था। पर रिपोर्ट मेरे सामने रखी थी। रिपोर्ट में साफ़-साफ़ लिखा था कि ब्रेस्ट में बिखरे-बिखरे कैंसर सैल मौजूद हैं।...चमत्कार कर दो प्रभु।...सुबह आपरेशन टेबल पर डॉ. पिण्टो को गाँठ दिखाई ही न दे।

दिमाग़ शायद शांत होना ही नहीं चाहता था। इसीलिए तो अशांत आत्मा की तरह इधर-उधर भटक रहा था। ...पूनम...कैंसर...छातियाँ...रिश्ते... सम्बन्ध....न जाने क्या-क्या। कई बार हैरान भी होता था कि पूनम और मैं एक ही जैसा भाग्य लेकर क्यों जन्मे। पूनम भी बीच की है, उससे बड़ा एक भाई और छोटी एक बहन। मैं भी बीच का हूँ, मुझसे बड़ी एक बहन और एक बहन छोटी। दोनों की शक्लें अपने-अपने परिवार में किसी से भी नहीं मिलतीं। दोनों को ही साहित्य से लगाव था। दोनों की साँसें तो हैं परन्तु माँ किसी एक की भी नहीं। नहीं तो इस वक्त कोई एक माँ तो हमारे साथ होती। अपने बच्चों को अकेला घर में छोड़कर हम दोनों अस्पताल में यूँ न बैठे होते। बाहर भी अँधेरा है और भीतर भी। सुबह की रोशनी की प्रतीक्षा है।

सुबह को आना ही था। आज तो सुबह थोड़ी जल्दी ही हो गई थी। पूनम को खाने को कुछ भी नहीं दिया गया था—बस चाय।

पूनम उठकर स्वयं ही नहाई थी। उसके बदन से भीनी-भीनी खुशबू उठ रही थी। खुशबू! जो सदा मुझे दीवाना बना देती थी। उस डैटॉल और स्पिरिट से भरे माहौल में भी पूनम के बदन की खुशबू मेरे नथुनों तक पहुँच रही थी। जैसे बलि से पहले उसे सजाया जा रहा था।

सुशील अपनी पत्नी लुईज़ा के साथ आया था। दोनों पूनम का हाथ पकड़े प्रभु यीशु से प्रार्थना कर रहे थे। मन ही मन, बिना सुने, मैं उनकी हर बात दोहरा रहा था। सबके दिल में एक ही दुआ थी।

डॉ. पिण्टो को देखते ही दिल उछलकर गले में आ फँसा था। जल्दी से उनके करीब पहुँचा, ''डॉक्टर, आपको पक्का यकीन है कि कैंसर ही है? कहीं कोई गलती तो नहीं हो रही ?'' मैं कैसे कहता कि मैं उनके सहायकों की बातचीत सुन चुका हूँ।

डॉ. पिण्टो ने अपनी छाती पर क्रास बनाया, ''लुक मि. मेहरा, मैं पहले 'लम्प' को निकाल कर 'कोल्ड सेक्शन टेस्ट' करूँगा। अगर टेस्ट ठीक रहा, तो पैंतालीस मिनट में हम बाहर आ जायेंगे। ...पर अगर, 'नोड्ज़ इन्वाल्व हुए, तो मेजर आपरेशन करना होगा। 'नाऊ, बेस्ट आफ़ लक!'

और मैं बस देख रहा था। पूनम गाड़ी पर लेटी अन्दर पहुँच गई थी। डॉ. पिण्टो ने कपड़े बदलकर हरा सा कोट पहन लिया था। बेचैनी मेरे रक्त के साथ-साथ मेरे शरीर में संचार कर रही थी। यदि खून टेस्ट करने में बेचैनी की मात्रा टेस्ट करने का कोई यंत्र होता, तो मेरे मन की बेचैनी उस यंत्र की सभी सीमाएँ लाँघ जाती।

अभिनव मेरा हाथ थामे खड़ा था। उसने अपनी सूटिंग आज कैंसिल कर दी थी। फिर भी उसे वहाँ खड़ा देखकर लोग समझ रहे थे शायद कोई शूटिंग हो रही है। विश्वास दादा ने जैसे मेरे विश्वास को थाम रखा था। उनकी उभरी हुई जेब में सौ-सौ रुपयों की गड्डी अपने ढंग से मेरा हौसला बढ़ा रही थी।

पैंतालीस मिनट, एक घंटा, दो घंटे, तीन घंटे...वक्त धीरे-धीरे बढ़ रहा था। मेरी निस्तेज निगाहें शून्य में दूर कहीं कुछ खोज रही थीं। 'कोल्ड सेक्शन।' ...'पाज़िटिव'...। जीवन भर सिखाया गया था पाज़िटिव होना कितनी अच्छी बात है। ...परन्तु आज का टेस्ट पाज़िटिव होने का अर्थ कितना भयानक है। ...आकांक्षा और अपूर्व तो आज स्कूल भी नहीं गये। दम साधे घर में ही पड़े हैं। ...पाज़िटिव...कार्सीनोमा...लेफ़्ट ब्रेस्ट...रैडीकल मैसेक्टमी! ...यह सब लोग जो आपरेशन थियेटर के बाहर खड़े हैं, यह सब क्या पूनम से प्यार करते हैं? क्या इन्हें मेरी फ़िकर है ? या सब मेरा तमाशा देखने आये हैं। ...तमाशा... हा...हा...कार्सीनोमा...रैडीकल मैसेक्टमी!

चिन्ता और बोरियत बाहर बैठे चेहरों पर साफ़ दिखाई दे रही है। सब की चिन्ता का विषय एक ही—"इतनी छोटी उमर में ऐसी भयंकर बीमारी! ...बच्चों का क्या होगा ? ...अभी तो बहुत छोटे हैं।"

और डॉ. पिण्टो बाहर निकले। छाती पर एक बार फिर क्रास बनाया। " 'गॉड इज़ ग्रेट' मि. मेहरा! सब ठीक हो गया। मैंने काफ़ी गहरे तक आपरेट किया है। कैंसर आल रेडी नोड्ज़ तक पहुँच गया था...मैंने बीस नोड्ज़ निकाले हैं। ...इससे गहरा कट तो लगा ही नहीं सकता था। ...अभी तो बेहोश पड़ी हैं आपकी वाईफ़। ...बट...जल्दी ही होश आ जायेगा। ...यस...आप आइये, आपको दिखा देते हैं क्या आपरेट किया है।"

ना चाहते हुए भी डॉ. पिण्टो के साथ हो लिया। एक ट्रे में मांस का लोथड़ा रक्त से सना पड़ा था। ट्यूमर अलग से दिखाई दे रहा था। मेरे सबसे प्रिय व्यक्ति का सबसे प्रिय अंग मेरे सामने कटा पड़ा था....जैसे अपनी एक आँख से मुझे घूर रहा था...अपने आप पर काबू नहीं रख पाया। ...एक तेज़ सी उबकाई उठी। ...कार्सीनोमा...मैसेक्टमी...ट्रे...पूनम! चक्कर खाकर वहीं बैठ गया। ...विश्वास दादा और अभिनव, दोनों मुझे सहारा देकर बाहर ले आये।

मन थोड़ा स्थिर हुआ तो ख़्याल आया कि पूनम को तो देखा ही नहीं। वापस आपरेशन थियेटर में जाने की हिम्मत नहीं हो पा रही थी। पूनम को कैसे देख पाऊँगा। उसकी आँखें मुझसे क्या सवाल पूछेंगी। ...पर वह तो बेहोश है। ...पूनम को ऑक्सीजन दी जा रही थी। ...चेहरा ज़र्द...खून चढ़ रहा था। ...शरीर जैसे नलियों से अटा पड़ा था। आपरेशन कामयाब रहा था।

अस्पताल का स्पेशल वार्ड-ए—कमरा नं. चौबीस में पहुँच गई थी पूनम। ...चौबीस...उसका जन्मदिन। कमरा भी उसी नम्बर का। ...एक-एक करके सभी दोस्त और जान-पहचान वाले चले गये थे। कमरे में एक मैं, एक पूनम और एक एअरकंडीशनर की आवाज़। प्रतीक्षा कर रहा था कि पूनम थोड़ा कसमसाए ही सही। परन्तु अभी तो नशीली दवा का गहरा असर था। पूनम तो बस सोये जा रही थी।

और मैं उसे देखे जा रहा था। ...एअरकंडीशनर की आवाज़ पर सवार विचार मेरे दिमाग़ को मथे जा रहे थे। पूनम से पहली मुलाकात से लेकर आज तक की प्रत्येक घटना मेरे मानस पटल पर उजागर होने लगी थी। क्या ठीक हो जायेगी पूनम? ...क्या फिर वही सुहाने दिन लौट आयेंगे ? पूनम को कैंसर हुआ ही क्यों ? ...डॉ. पिण्टो से बच्चों की तरह पूछ बैठा था, ''डॉक्टर, यह कैंसर होता क्यों है...इसका कारण क्या है?''

डॉ. पिण्टो ने भगवान यीशु की तस्वीर की ओर इशारा करते हुए कहा था, ''यही जानते हैं।...दरअसल मि. मेहरा जो इंसान भी कैंसर होने का सही कारण ढूँढ लेगा उसे तो नोबेल पुरस्कार मिलेगा। कैंसर क्या होता है यह तो साइंस जानती है...पर कैंसर क्यों होता है, इसके जवाब में अभी तक केवल अँधेरा है। यह शरीर अपने ही विरुद्ध क्यों हो जाता है, क्यों यह शरीर आत्मसंहार शुरू कर देता है, इसका सही जवाब अभी तक वैज्ञानिकों को नहीं मिल पाया है।''

जिस-जिस को भी समाचार मिला, वह अस्पताल पहुँचने लगा। हर व्यक्ति को ठीक वही-वही बातें बताते-बताते बोरियत सी होने लगती थी। अपनी-अपनी समझ से हर व्यक्ति अपनी चिंता व्यक्त करता था। ''कौन सी स्टेज है ?'' ...''टाईम पर पता चल गया न ?''...''अभी फैला तो नहीं?''...''अब तो ब्रेस्ट कैंसर का इलाज आसानी से हो जाता है। ...डॉक्टर क्या कहता है?''...''मैलिगनैंट है ?'' हर किसी का कोई न कोई करीबी रिश्तेदार कैंसर पीड़ित रहा है। मैं तो कुछ ऐसे परेशान हो रहा था जैसे पूनम से पहले कभी किसी को कैंसर हुआ ही न हो। मुफ़्त की सलाह देने वाले बहुतायत में थे।—''मेहरा जी, हम आपको कहें, आप पूनम जी को रोज़ाना शहद दिया करें और सरसों के तेल की मालिश करवाया करें। इंशा अल्लाह सब ठीक हो जायेगा। ...और हाँ चने ज़रूर खाने को दें।'' यह नजमा थीं, हमारी पड़ोसन । भूल गई थीं कि अस्पताल में कम

बालना एक अच्छी आदत समझा जाता है। जाते-जाते ताकीद करना नहीं भूलीं, ''मेहराजी, एक बात कहूँ, हमारे पीर साहिब से तावीज़ बनवा लीजिए, पूनमजी बिल्कुल ठीक हो जायेंगी।''

चन्द्रभान की देवी, नजमाजी के पीर फकीर, सुशील और लुईज़ा का 'लिविंग गॉड', और डॉ. पिण्टो की छाती पर बार-बार बनता क्रास, कार्सीनोमा, कटी हुई छाती, अस्पताल का कमरा सब मुझे भीतर तक परेशान किये जा रहे थे।

नवें दिन हम घर लौट आये थे। पूनम की आँखों में एक बेबस सवाल मेरी ओर ताके जा रहा था, ''वैसे, यह भी कोई जीवन है जी ? पराये मर्दों के सामने नंगा होना! पता नहीं कहाँ-कहाँ हाथ लगते हैं। बेकार हो गई ज़िन्दगी तो!''

पूनम के दोनों हाथ स्वयमेव ही मेरी हथेलियों में आ गये थे। आँखें तो मेरी भी नम हो आईं थीं। उसके माथे पर मेरे एक चुम्बन ने ही शायद उसे खासी शक्ति प्रदान कर दी थी, ''नरेन, किसी से भी मेरी बीमारी और आपरेशन के बारे में बात मत किया करो। लोग अजीब सी निगाह से छाती को घूरते हैं।''

इतनी बड़ी बीमारी को छुपा जाना चाहती थी पूनम! यहाँ किसी को जुकाम या बुखार हो जाये तो पूरे का पूरा शहर सिर पर उठा लेते हैं....और पूनम! इस भयंकर बीमारी ने एक काम तो किया था। मुझे पूनम के और करीब ला दिया था। मेरी सोच, मेरे कर्मक्षेत्र मेरे जीवन का केन्द्रबिन्दु पूनम होकर रह गई थी।

डॉ. पिण्टो से पहले तो दोस्तों और रिश्तेदारों ने ही डरा दिया था—''आपरेशन के बाद रेडियेशन और कीमोथिरेपी भी करवानी पड़ती है। सारे बाल उड़ जाते हैं। उलटियाँ कर-करके बुरा हाल हो जाता है''...''वैसे ब्रेस्ट कैंसर में तो 'यूटरस' और 'ओवरीज़' भी निकलवा देते हैं। ...आपके डॉक्टर ने सुझाया नहीं? ...कमाल है!''

डॉ. पिण्टो अपने चिरपरिचित अन्दाज़ में ही पेश आये, ''गॉड इज़ ग्रेट मिस्टर मेहरा! ...आई वुड पुट इट दिस वे कि यूटरस और ओवरीज़ निकालने की तो कोई ज़रूरत नहीं। दरअसल मैं तो कीमोथिरेपी भी नहीं करता, लेकिन सात नोड्ज़ में कैंसर पहुँच गया था इसलिए कीमोथरेपी देनी ही पड़ेगी। नहीं तो हम केवल टेमोक्सीफ़िन गोलियों से ही काम चला लेते।''

''टेमोक्सीफ़िन!'' ...मेरे मन में आशा की एक झलक जाग उठी। हो सकता है डॉ. पिण्टो यही दवा देने के लिए मान जायें। ...शायद पूनम को कीमोथिरेपी की परेशानियों से बचाया जा सके—''डॉ. पिण्टो, यह टेमोक्सीफ़िन और कीमोथिरेपी में फ़र्क क्या है ?''

''यू कैन पुट इट दिस वे, कि कीमोथिरेपी की एक माइल्ड फ़ार्म है टेमोक्सीफ़िन। यह एक हार्मोनल दवाई है। यह दवा शरीर में जाकर फ़ीमेल हार्मोन होने का दिखावा करती है। कैंसर सैल इसकी तरफ़ अट्रैक्ट होते हैं और कांटेक्ट

में आकर मर जाते हैं। इस तरह वह कैंसर को आगे बढ़ने से रोकती है। ...पर नोड्ज़ में कैंसर पहुँचने पर कीमोथिरेपी ज़रूरी हो जाती है। अब सोचना यह है कि एड्रियामायसिन दिया जाये या ज़्यादा पापुलर सी एम एफ़ की मिलीजुली कीमोथिरेपी। एड्रियामायसिन से जो बाल गायब होते हैं तो वापिस नहीं आते और कई बार यह दिल पर भी बुरा असर करती है। तो हम सी एम एफ़ ही देंगे।''

कीमोथिरेपी शुरू हो गई। इस बीच बोन स्कैन और अल्ट्रासाउण्ड और लिवर टेस्ट सब चल रहे थे। डॉक्टर, दवाइयों और बीमारी के नाम से ही दहशत होने लगी थी—''डॉ. पिण्टो, अब पूनम ठीक हो जायेगी न ? ...अब दोबारा होने का डर तो नहीं?''

डॉ. पिण्टो की छाती पर फिर से क्रास बना, ''मैं तो बस इलाज करता हूँ मिस्टर मेहरा, ठीक तो यह करते हैं! बस इनकी पूजा कीजिए।'' फ़ोटो में यीशु मसीह का चेहरा दमक रहा था।

पूजा से पूनम का विश्वास उठता जा रहा था, ''मैंने तो कभी किसी का बुरा नहीं चाहा, किसी की पीठ पीछे तक बुराई नहीं की, शुद्ध शाकाहारी जीवन जीती हूँ...फिर...यह बीमारी मुझे ही क्यों ?''

पूनम का यह सवाल मेरे विश्वास को हिलाने के लिए काफ़ी था। किन्तु चन्द्रभान किसी और ही मिट्टी का बना था। वह मुझे एक महिला के पास ले गया। महिला बैठी सिर हिला रही थी—''यह देवी माँ हैं, नरेन ! यह चाहें तो कुछ भी हो सकती हैं।''

यंत्रवत मेरे जैसा तार्किक व्यक्ति भी, चरणों में झुक गया। ''बहुत देरी कर दी तुमने आने में। फिर भी यह प्रसाद ले जाओ। भगवान भला करेंगे।''

प्रसाद के अस्त्र से लैस मैं घर लौटा तो सुशील अपनी पत्नी लुईज़ा और दो महिलाओं के साथ पूनम के बिस्तर के चारों ओर बैठे पूजा कर रहे थे। ''पूनम भाभी, आपको अपने आप में विश्वास पैदा करना होगा। ...आप केवल ईसा मसीह में विश्वास रखें और पूजा भी उन्हीं की करें।''

''सुशील भैया, बचपन से जो विश्वास बने हुए हैं, क्या उनसे मुक्ति पाना इतना ही आसान है ?''

''भाभी, यह तो आपको करना ही होगा—मैं तो कहता हूँ कि अगले इतवार आप हमारी प्रार्थना सभा में आयें और देखें हम कैसे पूजा करते हैं।''

मैं बोल ही पड़ा, ''भइये, हमारे घर से बान्दरा तो काफ़ी दूर है। पर यहाँ पास में ही जो चर्च है, पूनम को वहीं ले जाऊँगा।''

''नहीं नरेन! ...आना तो तुम्हें हमारे यहाँ ही पड़ेगा। तुम्हारे पास जो चर्च है वह कैथॉलिक चर्च है। जबकि हम लोग अपने आपको 'बार्न अगेन' कहते

हैं। हमारा भगवान जीवित भगवान है...'लिविंग गॉड'। इसलिए तुम हमारे भगवान में ही विश्वास रखो और मैं तो यहाँ तक कहूँगा कि तुम लोग भी धर्म परिवर्तन करके हमारा धर्म अपना लो। ...पूनम की बीमारी का इलाज केवल विश्वास ही है।''

बहुत मुश्किल से अपने आपको रोक पाया था। फिर भी मेर चेहरे की भंगिमा देखकर सुशील अपने साथियों समेत किसी और के जीवन के लिए प्रार्थना करने निकल पड़ा।

शाम को पूनम के लिए सूप बनाया था। कल के कीमोथिरेपी के इंजेक्शन के विचार से ही त्रस्त, पूनम सूप को निगल नहीं पा रही थी। दरवाज़े पर घंटी बजी। ''लीजिए मेहरा जी, हम तो पूनम जी के लिए तावीज़ बनवा लाये। आप देखिएगा, माशा अल्लाह पूनम जी भली-चंगी हो जायेंगी। ...वैसे आप इन्हें गर्म पानी के साथ शहद देते रहिये...आप देखियेगा अल्लाह क्या चमत्कार करते हैं।''

चमत्कार! ...कार्सीनोमा। ...रैडिकल मैसेक्टमी ! सपाट छाती! लोगों की नज़रें! ...चन्द्रभान की देवी! ...सुशील का बार्न अगेन! ...नजमाजी का तावीज़! ...डा पिण्टो की छाती पर बार-बार बनता क्रास! ...दर्द के मारे फटता सिर!

चमत्कार! ...इसकी आशा तो आपरेशन से पहले लगाये बैठा था। ...पर कहाँ! विज्ञान ने चमत्कार की छाती काट दी और बीस नोड्स भी निकाल दिये! कल फिर कीमोथिरेपी।

पूनम भी चमत्कार में कहाँ विश्वास करती है। उसे तो पुनर्जन्म में भी विश्वास नहीं। वह तो आज, इस पल के बाद अगले पल तक के बारे में नहीं सोचती।

सोचती है तो बस मेरे बारे में। ...उसे यही ग़म खाये जाता है कि अपने पति का जीवन कैंसर से ग्रस्त करने की ज़िम्मेदार बस वही है!...

पूनम को तो यह भी अच्छी तरह मालूम है कि मैं तो भगवान के अस्तित्व के सामने सदा एक प्रश्नचिह्न लगा देता हूँ। ...मेरे लिए कर्म के सिद्धान्त के अतिरिक्त जीवन का और कोई अर्थ है ही नहीं।

पूनम देख रही है...अपने पति की स्थिति से पूरी तरह वाक़िफ़ है वो। वो देख रही है कि कैसे उसका पति पूरी श्रद्धा से तावीज़ बाँध रहा है...कैसे किसी सिर हिलाती देवी के सामने माथा टेककर पूनम के जीवन की भीख माँग रहा है। 'बार्न-अगेन' ईसाइयों के सुर में सुर मिलाते देख रही है वह। बेबस, लाचार पड़ी, लेटी है पलंग पर!

पूनम की आँखों में बस एक ही सवाल दिखाई दे रहा है...''मेरा पति मेरे कैंसर का इलाज तो दवा से करवाने की कोशिश कर सकता है...मगर जिस कैंसर ने उसे चारों ओर से जकड़ रखा है...क्या उस कैंसर का भी कोई इलाज है?

मुझे मुक्ति दो

रमेशनाथ कहानी लिखने में व्यस्त था। बाहर से युक्लिपट्स के पेड़ों को चीरती हुई ठण्डी बयार बह रही थी। युक्लिपट्स की भीनी-भीनी गंध उसके नथुनों को सहला रही थी। दूर कहीं कुत्ते के रोने की आवाज़ आई। रमेशनाथ ने जैसे कुत्ते का रोना सुना ही नहीं। वह तो कहानी लिखने में ही खोया हुआ था।

आज शाम को उसने केवल तीन पेग ही पिये थे। जिस रात लिखना होता है, वह ऐसे ही तीन पेग ले लेता है। अन्यथा तो 'बाट्मज़ अप' किये बिना वह उठता ही नहीं। साँझ के तीन पेगों का सुरूर, युक्लिपट्स की गंध और रात का अकेलापन—कुल मिलाकर रमेशनाथ के लिए लिखने का ज़बरदस्त माहौल बना रहे थे।

कलम काग़ज़ पर चलती जा रही थी। रमेशनाथ कहानी पहले अपने दिमाग़ में पक्की कर लेता है। काग़ज़ पर कहानी तभी उतरती है जब उसके दिमाग़ में कहानी आरम्भ से अन्त तक पूरी लिख जाती है। इसी कारण रमेशनाथ कहानी को एक या दो बैठकों में पूरा कर लेता है। उसकी कहानी कभी भी विचारों की कमी के कारण अधूरी नहीं रहती।

आज की कहानी का विषय भी उसका प्रिय विषय है—पति-पत्नी सम्बन्ध! रमेशनाथ इस विषय पर इतनी कहानियाँ लिख चुका है कि इस विषय पर उसे आसानी से किसी भी विश्वविद्यालय से डॉक्टरेट मिल सकती है। 'पति-पत्नी और वो' का फ़ार्मूला रमेशनाथ के लिए सदाबहार फ़ार्मूला है। यह विषय तो कभी भी पुराना नहीं पड़ सकता और रमेशनाथ का महत्वपूर्ण लेखन इसी विषय के इर्द-गिर्द घूमता रहता है।

कहानी एक महत्वपूर्ण मोड़ पर पहुँच चुकी थी। रमेशनाथ का कलम और दिमाग़ बदस्तूर लिखने में व्यस्त थे। एकाएक उसे लगा उसे नींद आने लगी है।

ऐसा तो कम ही होता है कि वह कहानी लिखने बैठे और उसे नींद आ जाये। फिर आज? अपने पर झुँझलाहट सी होने लगी थी। फिर सोचा कल तो दफ़्तर में छुट्टी है, चलो बाकी कहानी कल पूरी कर लूँगा।

बिस्तर पर लता पहले ही सो रही थी। उसके कपड़ों, चादर सभी में ज़िन्दगी के अभाव छेद और पैबन्द बनकर टँके हुए थे। पर इस समय वह इन अभावों से दूर किसी और लोक की यात्रा पर निकली हुई थी। रमेशनाथ लता के चेहरे को निहारता रहा। रोज़ की तरह आज भी वह दफ़्तर से आते-आते लेट हो गया था। अब दो बच्चों के बाद लता ने भी पूछना बन्द कर दिया है कि देर कहाँ हुई।

विवाह के कुछ दिन बाद तक तो रमेशनाथ ने दफ़्तर, दोस्तों, जान-पहचान वालों—सबसे अवकाश ले लिया था। केवल लता और स्वयं रमेशनाथ। और कोई भी नहीं। लता से किया तो प्रेम विवाह ही था। पर क्या केवल लता से ही प्रेम किया था! विवाह तो किसी से भी हो सकता था। प्यार तो वह सुचित्रा को भी करता था, फिर अविनाश कौर भी तो उसकी कहानियों की दीवानी थी—वह तो उसके लिए कुछ भी कर गुज़रती। करुणा भी तो उसे कितना चाहती थी। उसके पिता के पास तो पैसा भी बहुत था। फिर लता ही क्यों ? शायद किसी एक क्षण की कमज़ोरी ही इसका कारण हो सकती है। इसीलिए लता की इतनी परवाह भी नहीं कर पाता। महिला दोस्तों की कमी न तो पहले ही कभी थी और न आज ही है।

किन्तु लता तो ब्याहता पत्नी है ही। तो पत्नी के अधिकार तो लता को ही मिलेंगे। और रमेशनाथ के घर पत्नी का सबसे बड़ा अधिकार था। 'अपने आपको अभावों के जीवन का अभ्यस्त बनाना।' रमेशनाथ की पगार का एक बड़ा हिस्सा तो प्रेस क्लब के शराब के बिल में चला जाता है। बच्चों के लिए दूध, उनके स्कूल की फ़ीस, किताबें, कपड़े सब दोयम दर्जे की आवश्यकताएँ थीं।

कई बार तो लगने लगता जैसे रमेशनाथ भारत सरकार का ही एक प्रतीक है। देश में करोड़ों लोग गरीबी की रेखा से नीचे घिसट रहे हैं, पिस रहे हैं। बच्चे, बूढ़े, औरतें भूखे सो रहे हैं, मर रहे हैं। भ्रष्टाचार अपना फ़न हर विभाग में फ़ैलाये खड़ा है, और भारत सरकार रंगीन टेलिविज़न सेन्टर खोलने में व्यस्त है। एक मंत्री के वार्षिक खर्चे से सैंकड़ों परिवारों को वर्ष भर का खाना मिल सकता है। परन्तु मंत्री देश की समस्या सुलझाने न्यूयार्क स्थित यू.एन.ओ. चला जाता है। ठीक उसी तरह रमेशनाथ के घर में भी बच्चों और पत्नी की समस्याएँ गरीबी की रेखा के नीचे फल फूल रही हैं। किन्तु रमेशनाथ प्रत्येक शाम को पौनी बोतल

अन्दर डालकर साहित्य की रचना करने में व्यस्त हो जाता है।

साहित्य में रमेशनाथ ने अपना अहम् स्थान बना लिया है। एक महत्वपूर्ण पत्रिका का संपादक बन गया है। अपने आलोचकों के लिए उसके पास एक ही उत्तर है, "अजी साहिब, आलोचकों का क्या है। ये तो सब कुत्ते हैं कुत्ते। जहाँ से हड्डी मिल जाये उसी की तारीफ़ करने लगेंगे। मैं किसी आलोचक के लिए साहित्य नहीं रचता। मेरे भीतर की कुलबुलाहट ही साहित्य बनकर, बाहर निकलती है। ये साले आलोचक मेरे बारे में लिखते ही क्यों है ? अरे अगर मैं अच्छा नहीं लिखता, तो नकार दो मुझे। यदि मुझे नकारकर हिन्दी कहानी का इतिहास लिख सकते हो, तो कर लो प्रयत्न! भैया, मैं तो जो हूँ सो हूँ। जो लिखता हूँ, वैसा ही लिखूँगा।"

सच भी तो है। इतनी सुन्दर भाषा के रचियता को कोई नकारे भी तो कैसे? किन्तु, जब यही आदमी, रात को शराब पीकर लता को मारता है, बहन-माँ की गालियाँ देता है; तो इसकी भाषा को क्या हो जाता है?

कभी-कभी आत्मग्लानि के क्षणों में रमेशनाथ अपने आप को धिक्कारता भी था—"क्या दिया है मैंने लता को! उसका सारा जीवन ही व्यर्थ कर दिया है। क्या बचा है लता के लिए ?"किन्तु ऐसे क्षणों से बाहर आते ही रमेशनाथ संपादक बन जाता था और उसकी पत्नी को भी लेखकों की रचनाओं की तरह प्रतीक्षा करनी पड़ती थी कि कब संपादक महोदय को समय मिले और रचना को उनकी आँखों के पड़ने का मौका मिले।

आज लता के देख़ते हुए फिर कुछ ऐसे ही क्षणों से गुज़रने लगा था रमेशनाथ। लता के चेहरे को देखते-देखते न जाने क्या-क्या सोचने लगा था वह। और फिर नींद से आँखें और बोझिल होने लगी थीं।

भूकम्प जैसी आवाज़ हुई थी। रमेशनाथ का बिस्तर जैसे हिचकोले लेने लगा था। रमेशनाथ ने आँखें मिचमिचाते हुए देखा। सामने लता खड़ी थी, पसीने से लथपथ—हाँपती हुई। वह घबराकर उठा।

"कितने आराम की नींद सो रहे हो ? समझते क्या हो अपने आपको ! आज मैं तुम्हें यूँ ही नहीं सोने दूँगी। आज तुम्हें मेरे हर सवाल का जवाब देना होगा। आज तुम्हारी हर कहानी का कच्चा चिठ्ठा तुम्हारे सामने खोलना है मुझे। तुम्हारी हर कहानी में पत्नी होती है खलनायिका और पत्नी होते हुए भी ग़ैर औरतों से शरीरिक सम्बन्ध रखने वाले, तुम, होते हो नायक। और तुम्हारी कुतियाएँ होती हैं नायिकाएँ। कभी अपने गिरेबान में भी झाँककर देखो लेखक महोदय! इतना गन्द दिखाई देगा कि सड़ाँध के मारे उबकाई आने लगेगी। जैनियों की तरह नाक और मुँह ढँकना शुरू कर दोगे।

"वैसे याद है हमारा विवाह कब, कैसे और किन हालात में हुआ था ? अरे छोड़ आई थी सबको, तुम्हारे लिए। उन दिनों तो तुम्हारे कहने पर आग में भी कूद सकती थी। तुम्हारी बातों का जादू ही कुछ ऐसा चढ़ा था मुझ पर। तुमने तो एक बार भी नहीं कहा था कि तुम मुझसे विवाह कर लोगे। मैं ही तुम्हारी दीवानी हो गई थी। जो तुमने कहा वो भी समझ लिया और जो नहीं कहा वो भी।

"तुम तो एकदम गड़बड़ा गये थे मेरे आने पर। यदि तुम्हें तनिक भी अवसर मिलता तो ना मालूम तुम क्या करते। शायद ज़मीर नाम की चीज़ अभी तक जीवित थी तुम्हारे भीतर, तभी तो तुमने मुझसे एकदम विवाह कर लिया था।

"कितने सपने देखा करती थी विवाहित जीवन के। क्या मालूम था विवाह ऐसा होता है। मंजु दीदी का परिवार देखकर कितना आनन्द आता था। दीदी, जीजाजी और उनका पुत्र विशाल। उनका विवाह तो माँ और पिताजी ने अपनी मर्ज़ी से किया था। फिर भी दीदी के चेहरे पर तो कभी भी कोई भी शिकायत नहीं देखी। एक दिन तो पूछ ही बैठी थी दीदी से कि एक अजनबी इंसान के साथ कैसे सारा जीवन बिता लेंगी वे ? जिसके साथ प्यार ही नहीं किया उसके साथ सारा जीवन बिता देना क्या जीवन को अर्थहीन नहीं बना देता। दीदी केवल एक हल्की सी मुस्कुराहट से मेरा सवाल उड़ा दिया करती थी। दीदी ने अपने आप को जीजाजी के परिवार के अनुसार, ढाल लिया था, तो जीजाजी भी तो दिन-रात दीदी की तारीफ़ करते नहीं थकते हैं। मंजु दीदी को सदा चौधरी साहिब कहकर बुलाते हैं। घर की चौधरी मंजु दीदी ही तो हैं। कितने अभिमान से दीदी कहती हैं कि उनके पति जैसा इंसान तो दूसरा कोई हो ही नहीं सकता। काश! मैं भी ऐसा कह सकती।

"वैसे तो कह भी सकती हूँ कि तुम जैसा दूसरा इंसान हो ही नहीं सकता। क्योंकि तुम अपनी तरह के एक ही तो आदमी हो जो कभी भी अपनी पत्नी के होकर नहीं रह पाते। मुझे तो सारी उम्र यही मलाल रहेगा कि मेरा पति कभी भी पूर्ण रूप से मेरा नहीं हुआ। करुणा, सुचित्रा, रीटा, मिरिण्डा, न जाने कितनी लड़कियों में बँटा हुआ है मेरा पति। किसी समय तो मैं ही तुम्हारी प्रेरणा हुआ करती थी। पर आज तुम्हारे दो-दो बच्चों की माँ बनने के बाद मेरे शरीर में वो नमक कहाँ रह गया है कि तुम्हारी प्रेरणा बन सकूँ।

"प्रेरणा बनना तो एक ओर रहा, मेरे लिए तो तुम्हारी कहानियों में कुछ खास ही विशेषण होते हैं। तुम्हारी क़िसी कहानी में मैं तुम्हारे पिछले जन्म का पाप हूँ, तो दूसरी कहानी में तुम्हारे लिए एक गाली हूँ। अपनी एक कहानी में तो तुमने यह भी लिखा था—'घर आते ही जब पत्नी की सूरत देखता हूँ, तो

लगता है जैसे अभावों की मूर्ति मेरे सामने खड़ी है।' तुम्हारी प्रत्येक कहानी में, मैं तो एक बकझक करने वाली वाहयात किस्म की औरत हूँ—झगड़ालू, ईर्ष्यालू, बददिमाग़, बेवकूफ़ और न जाने क्या-क्या। जब-जब तुमने अपनी कहानियों में मुझे अपनी सब्ज़परियों के साथ तोला है, तो मैं उनके सामने हमेशा हारी ही हूँ।

''रमेशनाथ ! आज मैं हारने के लिए तैयार नहीं हूँ। मैंने जीवन में कई बार हारकर देख लिया। मैं समझती थी इंसान की अच्छाई की तारीफ़ तो होनी ही चाहिए। किन्तु किसी की अच्छाइयाँ समझने के लिए, सामने वाला भी तो अच्छा इंसान होना चाहिए ना।

''अब और नहीं। यह तो मेरी ही बेवकूफ़ी थी कि मैंने तुम्हें वो सब करने दिया जो तुम करते रहे। मैं सदा यही मानती रही कि तुम एक लेखक हो इसीलिए दूसरों से भिन्न हो। और तुम इसी बात का फ़ायदा उठाते रहे कि तुम तो लेखक हो, तुम्हें हर वो काम करने की स्वतन्त्रता है जो एक साधारण व्यक्ति के लिए वर्जित है। मैं पूछती हूँ तुम्हारी समस्या क्या है ? औरतों को देखकर तुम्हें क्या हो जाता है। क्यों तुम दुम हिलाना शुरू कर देते हो किसी भी औरत को देखते ही ? औरत तुम्हारी कमज़ोरी क्यों है ?

''तुम्हें अपनी कहानी 'चीत्कार' याद है। उसमें तुमने लिखा था कि अनुजा दूसरे शहर से आई थी और तुम उससे मिलने गये थे। कितना घिनौना विवरण दिया था तुमने, उस कहानी में, अनुजा के शरीर का। उसकी आँखें, होंठ, गर्दन, वक्ष, नाभि, योनि हर अंग को तुमने नंगा कर दिया था। क्या उस कहानी को मात्र कल्पना माना जा सकता है ? नहीं। मैं जानती हूँ अनुजा कौन है। तुम्हें ज़रा भी शर्म महसूस नहीं हुई उस औरत को अपने पाठकों के सामने नंगा करते जिसने विश्वासपूर्वक अपने शरीर को तुम्हारे हाथों सौंप दिया था।

''है ना मज़े की बात कि घर में भीड़ के अकेलेपन से परेशान होकर तुम अनुजा के साथ होटल में उसके शरीर को भोगने गये। मैं और बच्चे तुम्हारे लिए भीड़ हैं। अरे अनुजा भी तो दो बच्चों की माँ है। फिर उसके शरीर में तुम्हें कैसे आनंद आने लगता है। सच्ची बात तो यह है रमेशनाथ कि तुम उत्तरदायित्व से डरते हो। अनुजा का शरीर भोगकर तुम तनाव से मुक्ति पा सके थे क्योंकि अनुजा के प्रति तुम किसी रूप में उत्तरदायी नहीं थे। उसे भी तुम्हारा शरीर भोगने में ही रुचि थी और तुम्हें भी शरीर से आगे कोई सरोकार नहीं था। तुम जैसे 'सूडो इंटेलेक्चुअल' बातें तो बहुत ऊँची-ऊँची करते हैं। पर औरत के सामने होते ही कुत्ते की तरह दुम हिलाने लगते हो। उद्देश्य तुम सबका एक ही होता है कि किसी न किसी तरह तुम उसके शरीर को भोग लो। तुम और तुम्हारे

दोस्त जिस तरह अलग-अलग लड़कियों के बारे में चठकारे ले-लेकर और भद्दे इशारे कर-करके बातें करते हो, वो सब मुझसे छिपा थोड़े ही है।

"और फिर कमाल की बात तो यह है कि अनुजा के शरीर को भोगकर उसके एक-एक अंग का चठकारेदार वर्णन करके, कहानी के अंत में तुम अपनी पत्नी के पास वापिस भी आ गये। और वापिस आते-आते भी अपनी दोगली बातें कर-करके अपने आपको हीरो बनाने के लोभ का संवरण नहीं कर पाये तुम। क्या कहानी के अन्त में तुम्हें अपनी पत्नी का चीत्कार नहीं सुनाई दिया?

"हीरो साहिब आप ही से पूछती हूँ मैं कि क्या दिया है आज तक आपने मुझे या अपने बच्चों को ? अरे ऐ समाज के बुद्धिजीवी प्राणी, ममता तो हमारी पहली बच्ची थी। फिर भी बेटी पैदा होने पर कैसा कसैला मुँह बनाया था तुमने। जैसे कोई कड़वी दवा की गोली तुम्हारे मुँह में रख दी गई हो। वह तो अच्छा हुआ कि ममता के बाद संदीप हो गया। नहीं तो तुम तो मुझे दो बेटियाँ पैदा करने के जुर्म में ही घर से निकाल देते।

"आज तो तुम्हें संदीप में भी कोई रुचि नहीं रही। क्या तुम्हें मालूम है कि ममता और संदीप का स्कूल कहाँ है? उनका 'होमवर्क' कब और कैसे होता है; उनकी यूनिफ़ार्म कब और कैसे आती है; उनकी फ़ीस कब दी जाती है; क्या किसी भी उत्तरदायित्व का ज्ञान है तुम्हें ? लेखक आम आदमी से भिन्न होता है—यह तो मैं मानती हूँ। परन्तु आम लोगों की तरह लेखक विवाह क्यों करता है, बच्चे क्यों पैदा करता हैं ? आम इंसान की भाँति लेखक मज़ा तो लेना चाहता है, परन्तु आम आदमी की ज़िम्मेदारियाँ निभाने में लेखक की नानी क्यों मरने लगती है?

"और भी तो लेखक हैं; वो सब कैसे समय पर प्रतिदिन अपने घर वापिस पहुँच जाते हैं ? उन्हें क्यों नहीं प्रेस क्लब में हर शाम को जाकर पीने की तलब उठती ? बहुत से लेखकों और संपादकों के घरों में गई हूँ मैं, क्यों हमारा घर वैसा नहीं हो पाता? क्यों मेरे बच्चे अपने पिता की सूरत देखने को तरस जाते हैं? सुबह जब बच्चे स्कूल जाते हैं तो तुम सो रहे होते हो और देर रात जब तुम नशे की हालत में घर लौटते हो तो बच्चे सो चुके होते हैं। क्या तुम्हें कभी इच्छा नहीं होती कि तुम भी अपने बच्चों के साथ बातें करो, उनके साथ खेलो? तुम्हें याद है कि कभी हमारे बच्चे भी तोतली भाषा में बोलते थे ? क्या कभी तुम उनके लिए घोड़ा बने ? यदि मेरे प्रति नहीं तो क्या उनके प्रति अपना कोई कर्तव्य तुमने महसूस किया ? या बस महीने के पैसे देकर तुम मुक्त हो जाते हो ?

"और पैसे भी कितने देते हो? क्या कभी सोचा है उन पैसों से मैं कैसे

घर चलाती हूँ ? क्या तुम्हारी किसी कहानी में इस बात का ज़िक्र भी आया कि तुम्हारी पत्नी इतने कम पैसों में महीने भर का खर्चा कैसे चला लेती है? इस झोंपड़ीनुमा मकान में, यहाँ के माहौल में कैसे बच्चों को पाल रही हूँ मैं ? पिछले सप्ताह कितनी शर्मिन्दगी उठानी पड़ी मुझे। अचानक मेहताजी और उनकी पत्नी आ गये थे घर पर। घर में दूध की एक बूँद भी नहीं थी, कि उन्हें चाय पिला सकूँ। सत्ताइस तारीख थी। उस दिन घर में इतने पैसे भी नहीं थे कि बाजार से आधा लिटर दूध मँगवा लेती। आज तक मेहताजी और उनकी पत्नी का सामना नहीं कर पा रही हूँ। उनको कैसे समझाऊँ कि एक महान् साहित्यकार की पत्नी होने का क्या-क्या मूल्य देना पड़ता है। इससे तो हम हापुड़ में ही अच्छे थे। थोड़े पैसों में गुज़र बसर तो हो जाती थी। इस सुरसा महानगरी में तो सदा ही पैसों की कमी लगी रहती है।

''पैसों की कमी के कारण ही तो आज तक मेरा इलाज नहीं हो पाया। छाती में एक साल से गिल्टी है। पर तुमने तो आज तक टेस्ट नहीं करवाया। कितनी बार तुम्हें याद करवा चुकी हूँ। किन्तु अपनी पत्नी के इलाज के लिए तुम्हारे पास समय ही कहाँ है ? पिछले सप्ताह तो वादा करके भी गये थे कि शाम को मुझे अस्पताल अवश्य ले चलोगे। और फिर टाटा अस्पताल तो तुम्हारे प्रेस के कितना करीब है। वहीं तो टेस्ट करवाने हैं। पर तुम तो उस रात, नशे की हालत में गिरते पड़ते, तीन बजे वापिस घर लौटे थे। दीवानी हो गई थी तुम्हारे मित्रों को फ़ोन करते-करते।

''कई बार तो सोचती हूँ कि यह गिल्टी कैंसर ही निकले और मुझे जीवन से मुक्ति मिल जाये। फिर तुम जितनी सहेलियों के साथ चाहो ऐश कर लेना। परन्तु मुझे तो इतना भी विश्वास नहीं कि तुम ममता और संदीप का ज़रा भी ध्यान रख पाओगे। मेरे दोनों बच्चे तो सड़कों पर भिखारी बन जायेंगे। नहीं ऐसी मुक्ति मुझे नहीं चाहिए।

''हाँ मुक्ति तो तुम्हें चाहिए ना मुझसे। आज की कहानी में भी तो वही लिख रहे थे ना कि तंग आ चुके हो एकरस जीवन जीते हुए। मैं तुम्हें मुक्ति दे दूँ चाहे पन्द्रह-बीस दिन के लिए ही सही। ऐ महान् लेखक! तुमने अपनी पत्नी में शक्ति ढूँढने का प्रयास क्यों नहीं किया ? केवल मुक्ति ही क्यों चाही? इसीलिए ही तो तुम्हारे जीवन में भटकाव है। नैनीताल या मसूरी की पहाड़ियों में क्या खोजना चाहते हो ? क्या मिलेगा तुम्हें वहाँ ?...तुम...तुम पलायन की सबसे बड़ी जीती जागती मिसाल हो। अरे अगर जीवन से इतना ही ऊब गये हो, और सचमुच ही मुझसे और बच्चों से मुक्ति चाहते हो, तो जाओ और ले लो संन्यास। जाओ भटको हिमालय की कंदराओं में। मैं भी अपने मन को समझा

लूँगी। किन्तु यह क्या कि तुम्हारे हर नाटक के पीछे कोई प्रयोजन ही छिपा रहता है। पन्द्रह-बीस दिन घर से दूर रहकर कितना तरोताज़ा हो लोगे तुम ? अब कौन सी सहेली के साथ ऐश करने का कार्यक्रम बना रहे हो ?...जाओ, मैं तुम्हें मुक्ति देती हूँ। मैंने तुम्हें आज तक किसी वस्तु के लिए इंकार नहीं किया।

''किन्तु अपने विवाहित जीवन में आज पहली बार मैं भी तुमसे कुछ माँगती हूँ। अपने शराबी पति की गालियाँ और मार खा-खाकर, मैं भी ऊब गई हूँ इस जीवन से। ऊब गई हूँ अपने बच्चों को अभाव में पालने से। कुछ दिनों के लिए मैं भी जीना चाहती हूँ रमेशनाथ ! थोड़े दिनों के लिए तुम भी मुझे मुक्ति दे दो! ...मैंने...मैंने भी एक शरीर देखा है। मैं भी उसे भोगना चाहती हूँ। यह मेरा वादा है कि वापिस अवश्य आऊँगी। और मुझे विश्वास है कि तुम भी मुझे वैसे ही अपना लोगे जैसे तुम्हारी कहानी में तुम्हारी पत्नी तुम्हें अपना लेती है...और मैं भी तुम्हें उस शरीर का विस्तृत वर्णन दूँगी। उन बलिष्ठ बाँहों, चौड़े बालों से भरे सीने, शरीर की सुगन्ध और लिंग की पूरी रिपोर्ट तुमको दूँगी। बोलो! तुम मुझे मुक्ति दोगे ना ? ...बोलो...बोलो...बोलो।''

हड़बड़ाकर उठा रमेशनाथ। स्थिति समझने में उसे कुछ समय लगा। गला सूख सा गया था। आवाज़ जैसे गले में ही अटकी हुई थी। देखो, लता उसी तरह सो रही थी। तो क्या वह स्वप्न देख रहा था। हाँ! यह तो स्वप्न ही हो सकता है—एक दुःस्वप्न। रमेशनाथ उठा, एक गिलास पानी पिया। लता की ओर देखा। अपनी कहानी के पन्ने उठाये और उन्हें चिंदी-चिंदी कर दिया।

रेत का घरौंदा

आज फिर वही हुआ। यह मेरे साथ ही क्यों होता है ?....जीवन के कटु अनुभवों से भी कुछ नहीं सीख पाई हूँ मैं। बार-बार जीवन से नई उम्मीदें लगा बैठती हूँ। जब-जब उम्मीदों की चादर में छेद हो जाते हैं, एक बार फिर रेत के घरौंदे बनाना शुरू कर देती हूँ....यह भी भूल जाती हूँ कि प्रारब्ध कितनी बेरहमी से रेत के घरौंदों को कुचल देती है।

नेल्सन से नरेन तक का सफ़र मेरी पिछली दस वर्षीय ज़िन्दगी का लेखा-जोखा है। नेल्सन...। जीवन से भरपूर, जीवन के छोटे से छोटे पहलू को भी जीना जानता था। ...पैसे की कोई कमी नहीं थी...पाँच बेडरूम का घर, लन्दन शहर के बीचोबीच। ...बेडरूम की खिड़की में से ही पूरा ग्रीन पार्क दिखाई देता था ...गर्मी की दोपहरी में चमकता, हरियाली से भरपूर, ग्रीन पार्क। कितनी यादें जुड़ी हैं इस पार्क से भी। तब मैं उन्नीस की रही होऊँगी या फिर बीस की ...वैसे इससे क्या फ़र्क पड़ता है।

नेल्सन कहीं भी अपने प्यार का इज़हार करने में शर्म महसूस नहीं करता था...फिर चाहे पार्क हो या सड़क। लंदन में पैदा होने और गोरी चमड़ी का मालिक होने का एक यह भी तो लाभ है। ...मैं...मैं पंजाब के एक छोटे से गाँव में जन्मी। ...अब तो सिर्फ़ नाम ही याद है...नकोदर....ना जाने कैसा लगता होगा देखने में। कुछ महीनों की ही तो थी जब बाऊजी और बीजी मुझे और मेरे दोनों भाइयों को लेकर लन्दन चले आये थे। ...दोनों भाई उम्र में मुझसे काफ़ी बड़े हैं। बड़ा महेश तो दस वर्ष बड़ा है और सोमेश उससे तीन वर्ष छोटा है।

ज़ाहिर है घर की सबसे छोटी सदस्या मैं ही थी। सबका प्यार जैसे मेरे लिए आरक्षित था। सबकी लाड़ो थी मैं। ...घर में शायद ही किसी को याद होगा कि मेरा कोई नाम भी है...सब मुझे लाड़ो ही कहकर बुलाते थे। दीपा तो किसी

को याद ही नहीं रहता था।

बहुत सी बातों को याद ना रखना अच्छा रहता है।...अब नेल्सन को मिलने से पहले मेरे जीवन में ऐसा क्या था जिसे मैं अपनी याद में सहेज कर रखूँ ...हाँ, उन दिनों बहुत अच्छा लगता होगा कि बाऊजी और बीजी अपनी लाड़ो की ज़िद पूरी करने के लिए कैसे आपस में झगड़ पड़ते थे। पर बचपन के साथ ही यह यादें भी उड़न छू हो गईं। ...भाई कैसे अपनी बहन के नाज़-नखरे उठाते थे, मेरे लिए यह भी इतिहास की बात हो गई है। ...आज की हालत तो यह है कि उन्हीं भाइयों की शक्ल देखे भी वर्षों बीत गये हैं।

समय को रोककर, सहेजकर अल्मारी में बन्द करके तो रखा नहीं जा सकता। नरेन हमेशा जीवन की व्याख्या बड़े खूबसूरत ढंग से करता है। कहता है, ''इंसान का जीवन एक पहले से रिकार्ड किये वीडियो कैसेट की तरह होता है। वी.सी. आर. में केवल 'प्ले' करने का बटन है। 'रिवाइण्ड' और 'फ़ास्ट फारवर्ड' के बटन हैं ही नहीं। जीवन जैसा है वैसा ही जीना पड़ता है। आप सुहाने पलों को 'रिवाइण्ड' करके दोबारा नहीं जी सकते और दुखी पलों को 'फ़ास्ट फारवर्ड' क्ररके आगे नहीं जा सकते। मनुष्य यदि इतना ही समझ ले तो अपनी परेशानियों से अधिक परेशान नहीं होगा और ज़िन्दगी को जीना सीख लेगा।

मुझे नरेन की यह बात बहुत अच्छी लगती है कि जीवन के हर पहलू के लिए तर्क खोज लेता है। और यही बात सबसे अधिक बुरी भी लगती है कि जीवन उसके लिए तर्क-वितर्क ही बनकर रह गया है। जीवन जीना जैसे उसको भूल ही गया है। ...उसने जैसे दिल से जीना बन्द कर दिया है...दिमाग़ से जीना शुरू कर दिया है।

उसके पास इसके लिए भी तर्क है। कहता है दिल का काम है सिर्फ़ धड़कना...सोचना नहीं। भावना और तर्क दिमाग़ के ही दो रूप हैं। हर व्यक्ति दिमाग़ से ही सोचता है और जीता है। ...किसी के दिमाग़ में भावनाएँ तर्कशक्ति पर हावी हो जाती हैं, तो वोह इंसान भावुक बन जाता है, तर्कशक्ति को तिलांजलि दे देता है। ...जबकि किसी के दिमाग़ में तर्कशक्ति भावनाओं से अधिक बलशाली हो जाती है, तो भावुकता उस व्यक्ति का साथ छोड़ जाती है और वह अपने जीवन का संचालन तर्क से करता है। दिल से जीना केवल कमज़ोर आदमियों और शायरों की कोरी बक़वास है।''

नेल्सन तो दिल से जीता था। चाहे नरेन मेरी इस बात को माने या ना माने। नेल्सन खुलकर ठहाका लगाता था। कम से कम इस मामले में तो बिल्कुल भी अंग्रेज़ नहीं था। दिल का सच्चा था। मेरी ही कम्पनी में मैनेजर था। कम्पनी का प्रबंध सँभालते-सँभालते उसने कब मेरे दिल का प्रबन्ध भी अपने हाथों में

ले लिया था, पता ही नहीं चला। अचानक महसूस हुआ कि नेल्सन के सामने मैं सहज नहीं हो पाती। दिल चाहता था कि वह मेरे आसपास रहे पर उससे बात करते वक़्त होंठ सूखने लगते थे, धड़कन तेज़ हो जाती थी।

मनुष्य जीवित होकर भी 'है' से 'था' कैसे हो जाता है ? ...नेल्सन तो आज भी ज़िन्दा है...शायद उसने अपनी माँ की पसन्द की लड़की से विवाह भी कर लिया हो। जब मैं कर सकती हूँ तो वोह क्यों नहीं करेगा। ...फिर एकाएक मेरे लिए केवल अतीत का हिस्सा बनकर कैसे रह गया ? ...ठीक भी तो है...यदि नरेन मेरा वर्तमान है तो नेल्सन को अतीत बनना ही होगा। ...आजकल नेल्सन को ज़्यादा याद करने लगी हूँ...उसकी बी.एम.डब्ल्यु. कार तो इसकी वजह नहीं हो सकती। उसका बड़ा सा घर भी कोई विशेष कारण नहीं होना चाहिए...तो फिर ऐसा क्या है...क्यों वह फिर से मेरे जीवन में घुसपैठ करने लगा है?...

जब-जब नरेन से नाराज़ होती हूँ, तभी यह घुसपैठ थोड़ी शिद्दत से होने लगती है। ...जब-जब नरेन के व्यवहार से प्रसन्न होती हूँ, तो क्या मजाल कि हम दोनों के बीच किसी की याद तो क्या...विचार भी आ पाये। ...सच तो यह है कि नरेन ने मेरे अतीत के बारे में कभी कोई सवाल नहीं किया। उसने नेल्सन की निशानी टॉम को भी पूरे मन से अपना लिया है। उसे स्कूल छोड़ने जाता है, पढ़ाता है...और तो और हिन्दी बोलना भी सिखाता है। ...गोरा टॉम, अपने अंग्रेज़ी लहजे में हिन्दी बोलता कितना अच्छा लगता है। आज आठ वर्ष का हो गया है टॉम। ...सिर्फ़ साल भर का था जब नेल्सन से सम्बन्ध विच्छेद कर आई थी।

शिवांगी तो मरने के बाद भी नरेन के जीवन का अटूट अंग बनी हुई है। कैंसर की रोगी, दोनों छातियाँ कटवाई हुई शिवांगी के शरीर में ऐसा क्या होगा कि नरेन के तन और मन से शिवांगी निकल ही नहीं पा रही। कितनी बेरुखी से कह गया नरेन, "मेरे पास जितना प्यार था, वोह सब शिवांगी पर खर्च कर चुका हूँ। अब कुछ नहीं बचा है मेरे पास। ...प्यार का सोता सूख चुका है।" नरेन को जीवन की एक अहम बात का अहसास नहीं है कि प्यार ही तो जीवन का एक ऐसा धन है, जो जितना खर्च किया जाये उतना ही बढ़ता है।

नेल्सन और मेरा प्यार भी फल-फूल रहा था। अब तो दफ़्तर में भी सब को अहसास हो चुका था कि कहीं ना कहीं कुछ हो रहा है। ...मेरे चेहरे पर प्यार की इबारत साफ़ लिखी रहती थी। उसे कोई भी पढ़ सकता था। ...फ़िल्मों में देखती थी जब नायक नायिका को तीन शब्द कहता है "आई लव यू" तो नायिका के चेहरे पर कैसे भाव आते हैं। मन चाहता था जब कभी भी नेल्सन मुझे यह शब्द कहे, तो सामने कहीं दर्पण लगा हो। इन शब्दों का प्रभाव, मैं

अपने चेहरे पर देखने को अधीर थी।

किन्तु जब तक नेल्सन यह शब्द ना कहे, तो चेहरा देखने का अर्थ ही क्या रह जाता है। ...अभी तो मेरे चेहरे पर बड़े-बड़े अक्षरों में बस एक ही नाम छपा रहता था—नेल्सन। ...मेरे दफ़्तर में कई हिन्दुस्तानी लड़कियाँ काम करती थीं। अधिकतर गुजराती थीं। मन ही मन कहीं मुझसे जलती भी थीं। उनके माता-पिता भारत से उनके लिए पति आयात करना चाहते थे। उनके मन में भी तीव्र इच्छा उठती थी कि कोई नेल्सन उन्हें भी चाहे। ...एक तरह से मैं ही उनकी नायिका बन गई थी। जो, वाह केवल सोच पाती थीं, मैं कर रही थी।

सोचते तो मेरे माता-पिता भी थे कि मैं ग़लत दिशा में जा रही हूँ। परन्तु मैं तो नेल्सन के प्यार में सराबोर थी। कुछ यूँ सा लगता था जैसे कई जन्मों से एक-दूसरे को जानते हों। जन्म...हाँ, मेरा जन्मदिन ही तो था। नेल्सन ने मुझे एक हीरे की अँगूठी भेंट की थी। दोपहर के लंच-ब्रेक में ही मेरे पास आया था, ''दीपा, हम आज डिनर साथ-साथ करेंगे।'' ...नेल्सन को कैसे समझाती कि हमारे परिवार में जन्मदिन एक पारिवारिक त्यौहार होता है। और फिर लाड़ो का जन्मदिन! घर में सभी अपनी लाड़ो की प्रतीक्षा में होंगे। ...फिर सोचा, कल को तो नेल्सन के साथ ही परिवार बनाना है। मन में कहीं डर भी था कहीं नेल्सन का प्रेम क्षणभंगुर का स्वप्न ही ना साबित हो।

साऊथ हाल के महाराजा रेस्टॉरेंट में बैठे थे हम दोनों। नेल्सन ने शैम्पेन मँगवाई थी। ...मैं जानती थी कि नेल्सन को शैम्पेन पीने से सिरदर्द हो जाता है...पर आखिर मेरा जन्मदिन था। ...नेल्सन के लिए भी तो महत्वपूर्ण था यह दिन। मेरी संगत में नेल्सन को भी भारतीय भोजन पसन्द आने लगा था। चिकन टिक्का उसे विशष तौर पर पसन्द था। वह 'टिक्का' को हमेशा 'टीका' कहता था। शैम्पेन का गिलास उठाकर नेल्सन ने चीयर्स कहा था और साथ ही वोह शब्द भी जिनकी प्रतीक्षा मुझे बेचैन किये जा रही थी। अपने अनोखे अंदाज़ में उसने मेरी ठोड़ी थोड़ी ऊँची उठाई थी, और सीधा मेरी आँखों में देखा था, ''आइ लव यू, दीपा ! मुझसे शादी करोगी ?''

सैंकड़ों घंटियाँ एक साथ बजने लगी थीं। जीवन की तमाम खुशियाँ मुझे मिल गई थीं। मन कह उठा कि जीवन में इससे मधुर क्षण दोबारा कभी नहीं आ पायेगा। यदि मैं उसी क्षण मर जाती तो भी जीवन से कोई शिकायत नहीं होती...क्योंकि उस वक्त मैं संसार की सबसे तृप्त औरत होती। तभी नेल्सन ने मेरे करीब आकर अपने होंठ मेरे होंठों पर रख दिये थे। उसका आज का चुम्बन फ़रिश्तों की तरह पवित्र लग रहा था। 'दीपा नेल्सन'...सोचकर ही रोमांच हो रहा था।

परन्तु क्या आज मुझे नेल्सन के बारे में सोचना चाहिए? ...क्या यह पाप नहीं होगा ? ...किन्तु नरेन क्या शिवांगी के बारे में नहीं सोचता? ...उसके लिए भी तर्क है उसके पास, ''तुम नेल्सन को इसलिए छोड़कर आई हो क्योंकि तुम्हारी उससे नहीं बनी।...शिवांगी की बात दूसरी है...वह अपनी मर्ज़ी से मुझे नहीं छोड़ गई...भगवान ने उसे उठा लिया। ...मुझे उसकी हर बात याद करने का हक है।''...कितनी नाराज़गी थी नरेन की आवाज़ में। ...मैंने तो सिर्फ़ इतना ही कहा था कि जैसे वह शिवांगी को याद करता रहता है, अगर मैं भी नेल्सन के बारे में वैसे ही बातें करना शुरू कर दूँ, ...बाद में घंटों रोती रही कि यह बात कही क्यों।

कहने से बाज भी तो नहीं आती। नरेन को साफ़-साफ़ कह दिया कि सुनीता और मंदिरा से ना मिला करे। मुझे उन दोनों की नीयत पर शक है। ...वह नरेन को केवल मित्र नहीं समझती हैं...उनके मन में कुछ और है। ...गुस्से में तो यहाँ तक कह गई कि उसकी अपनी नौकरानी उसका बिस्तर गर्म करती रही है।

तिलमिला उठा था नरेन। ...उठकर लिविंग रूम में चला गया था। यह नरेन की नई आदत है। ...गुस्सा आता है तो आधी रात को भी बेडरूम छोड़कर लिविंग रूम में चला जाता है। आवाज़ ऊँची नहीं करता। काश! यह उसने मेरे लिए किया होता। ...यह भी शिवांगी के लिए करता है...शिवांगी को वचन दिया था उसने कि कभी ऊँची आवाज़ में बात नहीं करेगा। यहाँ भी शिवांगी मुझे मात दे जाती है। ...क्यों? ...शिवांगी मरकर भी मेरी सौत क्यों बन गई? ...पर अगर शिवांगी ज़िन्दा होती तो क्या मैं नरेन के पास होती ?

नरेन से पहली मुलाकात लन्दन में ही हुई थी...हाऊंसलो हाई स्ट्रीट में। मैं टॉम को बग्घी में बैठाकर मैक्डानल्ड से मिल्कशेक लेने अन्दर चली गई थी। बाहर आई तो देखा कि टॉम के साथ एक अजनबी खड़ा है। ...तरह-तरह के मुँह बनाकर, आवाज़ें निकालकर टॉम से बातें कर रहा है। वह तो सोच भी नहीं सकता था कि टॉम की माँ कोई हिन्दुस्तानी लड़की हो सकती है। ...बाद में नरेन ने बताया भी था कि पहली मुलाकात में वह मुझे टॉम की आया समझ बैठा था। ...टॉम रो रहा था और बग्घी में अकेला था। नरेन उसे चुप करवाने में व्यस्त था। बातों ही बातों में नरेन ने उसे बताया था कि वह लन्दन निवासी नहीं है। वह आफ़िस के काम से लन्दन आया है और अगले ही दिन वापिस भी जा रहा है।

ना जाने क्यों पहली ही नज़र में नरेन अच्छा लगा था। बात करता था तो जैस मुँह से कविता निकलती थी। कुछ ऐसा था उसके व्यक्तित्व में कि आकर्षित हुए बिना रहा नहीं जा सकता था। पहली मुलाकात बहुत छोटी थी और उस

समय में भी उसे पत्नी के लिए सेंट माइकल की ब्रा ख़रीदनी थी तो रेवलॉन की लिपस्टिक; घर के लिए और कुछ छोटा-मोटा सामान। अगली सुबह ही उसकी उड़ान थी। सुनकर तसल्ली हुई कि आफ़िस के काम से नरेन हर तीन-चार महीने बाद लंदन का दौरा कर ही लेता है।

और तीन-चार महीने बाद टेलिफ़ोन की घंटी पर सवार नरेन आ पहुँचा था। पेंटा होटल से बोल रहा था। टॉम रो रहा था, उसे भूख लगी थी। ''टॉम रोता भी अंग्रेज़ी में है?'' नरेन के सवाल से होंठो पर स्वयमेव ही हँसी उभर आई थी। ...फ़ोन किया भी तो बड़े अंदाज़ से था, ''जी गोरे बेटे की काली माँ से बात कर सकता हूँ?'' ...सच होकर भी अच्छा नहीं लगा था यह वाक्य। ...आज अगर नरेन ऐसा ना कहे तो बुरा लगता है। लगता है जैसे औपचारिक हो गया है।

नरेन मेरे लिए एक शैम्पेन की बोतल ले आया था। मैंने उसे सीधा फ्रिज में रख दिया था। जब उससे पूछा कि क्या पियेगा, तो बोला 'स्क्रू ड्राइवर'। मैं उसे कहाँ बख़्शने वाली थी, ''स्क्रू ड्राइवर से तुम्हारे स्क्रू तो कस सकती हूँ पर पिला नहीं सकती।'' नेल्सन भी तो स्क्रू ड्राइवर ही पसन्द करता था—वोदका और संतरे का रस। ...नरेन को भी शैम्पेन पीने से सिर में दर्द हो जाता है। ...शिवांगी की मौत के बाद तो नरेन ने कुछ भी पीना बंद कर दिया है...जीना बंद कर दिया है।

शिवांगी थी भी तो अद्भुत। भगवान ने जैसे उसे फुरसत के क्षणों में बनाया था। जो भी उसे मिलता, उस पर लट्टू हुए बिना रह नहीं नहीं सकता था। ''हमारी बीवी को देखकर अगर कोई आदमी दोबारा मुड़कर नहीं देखे, तो वह आदमी नार्मल हो ही नहीं सकता।'' नरेन का यह दावा था। ...परन्तु शिवांगी केवल शरीर से ही सुंदर नहीं थी। उसका मन उसके शरीर से भी कहीं अधिक सुंदर था। मैं जब पहली बार मुम्बई गई थी तो नरेन के घर ही ठहरी थी। शिवांगी को मिलने के बाद कुछ यूँ सा महसूस हुआ था जैसे मैं शिवांगी की मित्र हूँ और नरेन केवल मेरी मित्र का पति है।

शिवांगी जीवन के हर क्षेत्र में एक संपूर्ण व्यक्तित्व थी।....पढ़ाई, रसोई, सिलाई, कढ़ाई, साहित्य, राजनीति और बच्चों की परवरिश...सभी विषयों में दक्ष। गार्गी और कुणाल दोनों में शिवांगी की छवि दिखाई देती है। नरेन को भी अच्छा लगता है कि उसके दोनों बच्चों की शक्ल में शिवांगी आज भी जिन्दा है। ...टॉम तो देखने में अंग्रेज़ लगता है। नरेन कहाँ कहने से बाज़ आता है, ''गोरे बेटे की काली अम्मां, हम तो तुम्हें पहली मुलाकात में ही टॉम की आया समझे थे, उस हिसाब से मैं भी उसका अर्दली हो गया।'' ...नरेन अनुशासन के मामले

में सख़्त है, पर टॉम को प्यार बहुत करता है।

प्यार तो नेल्सन भी मुझे बहुत करता था। फिर...मैं नेल्सन को छोड़ने पर क्यों मजबूर हो गई थी। ...मैं भी तो उसे कम प्यार नहीं करती थी।...नेल्सन की एक माँ भी थी। वह मेरे लिए सदा एक अंग्रेज़ औरत ही बनी रही,...माँ नहीं बन पाई।...और नेल्सन कभी भी यह बात नहीं समझ पाया कि मैं अपनी माँ, अपने पिता और भाई सभी को छोड़ आई हूँ।

उसकी माँ विधवा थी। ...यही उसकी माँ का सबसे बड़ा हथियार था। अपने विधवा होने का नाटक वह इतनी निपुणता से करती थी कि इस संसार की सबसे दुखियारी औरत वही लगती थी। ...उसकी आकांक्षा थी कि उसका पुत्र किसी लार्ड या नाईट का दामाद बनेगा। परन्तु उसके पुत्र ने एक एकांउटेंट, और वह भी भारतीय, से विवाह कर लिया था। ...नेल्सन की माँ मुझे बार-बार याद दिलाती थी कि उसका पिता भारत में अफ़सर हुआ करता था और उन दिनों रेस्टॉरेंट में भारतीयों और कुत्तों को अन्दर आने की अनुमति नहीं होती थी। ...आज एक भारतीय उसकी बहु थी...उसके लिए तो डूब मरने की बात थी। ...उसने अपने रिश्तेदारों से मिलना-जुलना तक बंद कर दिया था।

उसे डर लगता था कि लोग क्या कहेंगे। ...नेल्सन ने उसे जीते जी मार डाला था।

नेल्सन का तो मालूम नहीं। परन्तु मैंने तो अपने माता-पिता की हत्या कर ही दी थी। माँ को पक्षाघात हो गया था, पिता को दिल का दौरा पड़ा था। उन्हें तो समझ ही नहीं आ रहा था कि उनकी परवरिश में कहाँ कमी रह गई थी कि दीपा उनके मुँह पर कालिख पोतकर चली गई। ...महेश और सोमेश ने तो सदा के लिए मुझसे नाता तोड़ लिया था। ...मेरी राखी और भाइदूज को अनाथ कर दिया था उन्होंने।

ऐसे माहौल में हम हनीमून पर निकले थे। नेल्सन और मैं स्वयं भारत जाने को खासे उत्सुक थे।....हमारा सफ़र दिल्ली से शुरू होकर आगरा, जयपुर, कश्मीर, बम्बई, गोवा, ऊटी से होता हुआ कन्याकुमारी पर जाकर समाप्त हुआ था। ...हर शहर में पाँच सितारा होटल में ही रखा मुझे।

नरेन से विवाह को तो छः महीने हो गये, अब तक तो हम अकेले एक फ़िल्म भी देखने नहीं गये। हनीमून को लेकर नरेन की एक अलग ही विचार-धारा है, "हनीमून जीवन में एक ही बार मनाया जाता है। वोह तुम भी मना चुकी हो और मैं भी। ...घर में एक जवान बेटी है। हमें अपने बरताव को संयत और परिपक्व बनाना होगा। बच्चों के सामने हमें बड़ा दीखना है...बच्चा नहीं।"

नरेन मेरी दिक्कत को समझता नहीं, यह कहना तो ग़लत होगा। ...पर अपनी

तर्कशक्ति से मेरी हर ख्वाहिश का गला घोंट देता है। मैं सोचती हूँ शिवांगी मरी है, मैं तो जिंदा हूँ। मुझे क्यों ज़िंदा मार देना चाहते हो? ...नरेन पंद्रह चीज़ें गिनवा देता है कि देखो तुम्हारे लिए यह किया, वह किया, ऐसा किया, वैसा किया। ...सब बोल रहा होता है। वह सब उसने किया होता है। पर क्या वही जीवन है?

नरेन को जब पता चला था कि शिवांगी को स्तन कैंसर हो गया है, तो उसने सबसे पहले मुझे ही सूचित किया था। शिवांगी का बायाँ स्तन कटवा दिया गया। उसके तीसरे ही महीने दायाँ स्तन भी कैंसर की भेंट चढ़ गया था। ...मैं सोच-सोच कर हैरान होती रहती थी कि बिना छातियों की शिवांगी से नरेन कैसे प्यार कर पाता होगा। कैंसर के भयावह नाम ने मुझे मजबूर कर दिया था, कि मैं शिवांगी को मिलने मुम्बई जाऊँ। टॉम को साथ लिये नरेन के घर जा पहुँची थी। घर के बाहर दरवाज़े पर नई नामपट्टी लगी थी 'नरेन और शिवांगी का घरौंदा।' मन में कहीं एक टीस सी उभरी थी। कोई किसी को इतना प्यार कैसे कर सकता है? ...और प्यार के इज़हार का इतना खूबसूरत तरीका!

शिवांगी मुझे गले मिल कर बहुत रोई थी। मैंन शिवांगी को पहली बार रोते देखा था, "दीपा, अब तो जीवन पर कोई विश्वास नहीं रह गया है।...पता नहीं कब बुलावा आ जाये। गार्गी और कुणाल को तुम्हारे हवाले किये जा रही हूँ। मेरे बाद इनकी देखभाल तुम्हें ही करनी होगी।"

"शिवांगी, नरेन को पूरा विश्वास है कि तुम ठीक हो जाओगी। जिस विश्वास से वह तुम्हारा इलाज करवा रहा है, उससे मेरे मन में भी विश्वास की कली अंकुरित हो रही है। ...तुम्हें ठीक होना ही है।"

"अब ठीक होकर भी क्या करूँगी? ...लगता है सारी दुनियाँ मेरी सपाट छातियों को देख रही है। ...बिल्कुल अधूरी हो गई हूँ मैं। ...इन छातियों की तारीफ़ में नरेन कविता करने को मजबूर हो जाता था...आज तो उससे आँख मिलाने की हिम्मत नहीं बटोर पाती।"

"क्या नरेन ने कभी तुम्हारी छातियों के बारे में कुछ कहा ?"

"वह क्या कहेगा! ...वह तो मुझे इतना प्यार करता है कि अगर सारी उमर बिस्तर पर पड़ी रहूँ, तो भी उसके चेहरे पर शिकन तक नहीं उभरेगी। ...पर, मैं भी तो उसे प्यार करती हूँ। ...जानती हूँ केवल देखने से प्यार की भूख नहीं मिटती...शरीर की भी ज़रूरत पड़ती है। ...यह आदमी अगर सारी उमर मेरे शरीर के साथ संबंध नहीं बना पायेगा, तो भी शिकायत नहीं करेगा। ...मैं तो बस इसे एक नज़र प्यार से देख लूँ तो इसे संभोग का आनंद आ जाता है। ...मेरी कोई ऐसी सहेली भी तो नहीं जो नरेन के काम आ सके।" शिवांगी रो पड़ी।

इतनी बड़ी बात और शिवांगी इतनी सहजता से कह गई। यदि मुझे पता चलता कि नेल्सन का किसी दूसरी औरत से संबंध है तो मैं तो नेल्सन का जीना मुश्किल कर देती। ...और यह औरत अपनी किसी सहेली की तलाश कर रही है, जो बिस्तर में इसके पति के काम आ सके। मन में आया था कि कह दूँ, ''मैं हूँ ना।'' पर कह पाना इतना आसान नहीं था। ...अब गार्गी और कुणाल मुझसे और अधिक जुड़ने लगे थे। जितने भी दिन मुम्बई में रही, मैं उन्हें रोज़ अपने साथ बाहर ले जाती थी। वह दोनों भी टॉम से बहुत प्यार करने लगे थे। नरेन अपनी शिवांगी के पास बैठता था।

अगली बार नरेन लंदन आया तो शिवांगी ने हरे काँच की चूड़ियाँ भेजी थीं। मुझे लगा जैसे शिवांगी ने अपनी बंबई वाली बात फिर याद करवाई है। ...रात के खाने के बाद मैंने नरेन को होटल नहीं जाने दिया। घर पर ही रोक लिया। उस रात मैंने शिवांगी की चूड़ियों की लाज रख ली थी और उसकी ऐसी सहेली बन गई जो उसके पति के काम आ सके। नेल्सन से अलग होने के बाद मैंने पहली बार किसी मर्द के शरीर को छुआ था। दोनों को एक विचित्र सी तृप्ति का अहसास हुआ था। मन में किसी पाप का अहसास नहीं था।

मन में कहीं एक शक भी उभरा था। ...नरेन तो मुझे प्यार नहीं करता। फिर मेरे साथ हमबिस्तर होने को तैयार कैसे हो गया। ...पर उन क्षणों का आनंद इतना संपूर्ण था कि इस बेकार से सवाल को खड़ा होने का अवसर नहीं मिला।

अब मैं नरेन के लंदन आने की प्रतीक्षा करने लगी थी। नरेन के लंदन आने का अर्थ था कि मैं तो दफ़्तर नहीं ही जाऊँगी। बात अब शिवांगी की सहेली बने रहने तक नहीं थी। अब मैं नरेन की भी सखी बनना चाहती थी। ...किन्तु नरेन का व्यवहार मेरे प्रति खास 'कैल्कुलेटिव' था। ...वह अपने प्यार का इज़हार खुलकर नहीं करता था...दबे स्वर में भी कहाँ करता था! ...अंतरंग क्षणों की पराकाष्ठा में भी कभी उसके मुँह से नहीं निकला, ''आई लव यू।''...फिर भी एक बात की तसल्ली थी कि हम दोनों के बीच कभी शिवांगी आकर खड़ी नहीं हुई।

शिवांगी जब जीवित थी तो हमारे बीच नहीं आ सकी। परन्तु मरने के बाद मेरी सबसे अच्छी सहेली, मेरी दुश्मन क्यों बनती जा रही है? ...वर्षा में साजन के साथ भीगने का आनंद ही कुछ और होता है। पर नरेन वर्षा में भीगते हुए; मेरे साथ चलते हुए भी, मुझे अकेला छोड़कर शिवांगी के साथ हो लेता है। मन एक ही सवाल बार-बार पूछता है कि मेरे दो-दो पति जीवित हैं, मैं फिर भी अकेली हूँ और शिवांगी इस दुनिया में नहीं है फिर भी उसका पति मेरे आस-पास दिखाई देता रहता है!

वह एक दिन

अलार्म की तीखी आवाज़ से अभिनव की नींद खुल गई। उनींदे हाथों से घड़ी को टटोला और अलार्म बन्द कर दिया। अपनी कर्कश और बेसुरी आवाज़वाली घड़ी पर उसे बेहद गुस्सा आ रहा था। दीपा की भेंट में दी गई संगीतात्मक अलार्म घड़ी भी उसके पास है, पर उसकी संगीत-ध्वनि से अभिनव की नींद नहीं खुलती थी।

"किस गधे ने अलार्म लगाकर मुझे जगा दिया ! अभी तो सिर्फ़ सात बजे हैं। ....किश...ऽ...न" उसने नौकर को आवाज़ दी। पर तभी याद आया कि उसने स्वयं ही किशन से कहा था कि उसे सुबह जल्दी जगा दे, शूटिंग पर जाना है।

"जी साहब !" संभावित फटकार से किशन कुछ घबराया हुआ था। अभिनव को उसकी मुद्रा पर हँसी आ गई—

"चाय ले आओ।"

"जी साहब !" कहकर किशन चला गया।

"बेचारा !" सचमुच वह अपने नौकरों को बहुत डाँटता है। अपना पूरा गुस्सा या तो वह किशन पर निकालता है या फिर अपने ड्राइवर पर। और कोई है भी तो नहीं इस घर में, जो उसकी नाजायज़ डाँट-फ़टकार सुने।

उसने उठकर ब्रश किया, आइना देखा तो लगा आँखें बहुत सूजी हुई हैं। सिर भी बहुत भारी है। पिछली रात वह देर तक जागता रहा था। दोस्त आ गये थे। और एक बार जब बोतल खुलती है तो उसकी पूरी रात गिलासों में ही उतर जाती है। तीन बजे ही तो सोया था। ...अब से वह कमल और खन्ना को नहीं बुलायेगा, एक तो अपनी शराब पिलाओ और सिर-दर्द मोल लो सो अलग। ...दोस्तों को न बुलाने का इरादा वह कई बार कर चुका है। पर सूरज ढलने के साथ-साथ अकेलेपन का जो अँधेरा उसके गिर्द घिरने लगता है, उसके

सामने वह स्वयं को बहुत कमज़ोर, बहुत असहाय पाता है। उसे लगता है यह अँधेरा नहीं कोई विशालकाय डायनासरस है, जो अपने बड़े-बड़े डैने फैलाए उसकी ओर बढ़ रहा है और कुछ ही क्षणों में उसे जकड़ लेगा। और ऐसे समय में कोई उसके पास हो तो उसे अच्छा लगता है।

पहले, वह शाम होते ही रिकार्ड प्लेयर पर ग़ज़लें लगा लेता था। कभी टैरेस पर कुर्सी डालकर बैठ जाता और पत्रिकाएँ पढ़ता रहता या फिर रास्ते में आते-जाते लोगों को देखता रहता। पर अब उसके यह अस्त्र उसके अकेलेपन से जूझने के लिए पर्याप्त नहीं रहे। अब उसका यह अन्तिम अस्त्र ही उसके काम आता है। जो उसे वास्तविकताओं की कठोर दुनिया से दूर स्वप्नलोक में ले जाता है—स्वयं अपने आप से भी दूर। सूरज ढलते ही वह अपने दोस्तों को फ़ोन करता है। उसके एक बार कहने पर वे दौड़े चले आते हैं—उसके अकेलेपन को बाँटने या ब्लैक लेबल उन्हें खींच लाती है, उसे नहीं मालूम !

जब माँ थीं, तब अकेलापन उसे इतना नहीं काटता था। था वह तब भी अकेला ही। जब से शैली उससे अलग हुई है, उसने किसी को अपने करीब आने ही नहीं दिया। माँ उसकी अच्छी दोस्त थीं। पर उसके ज़्यादा पीने पर कभी-कभी वह बहुत नारज़ होतीं। कभी-कभी तो रूठकर अपने भाई के घर चली जाती थीं। वापिस अपने पर भी उनमें दो-एक दिन अबोला बना रहता। कभी-कभी उसे प्यार से समझाती थीं माँ, "तुम खुद को इतना कमज़ोर मत बनाओ कि यह बुराई तुमसे ज़्यादा ताकतवर हो जाये। यह शरीर, जो बड़ी-से-बड़ी जंग लड़ सकता है, अक्सर अपनी कमज़ोरियों से हार जाता है।"

सच वह बहुत ही कमज़ोर हो गया है। अपने अकेलेपन से लड़ने के लिए रोज़ उसे इसी अस्त्र की आवश्यकता पड़ती है और यह ज़रूरत दिन-ब-दिन बढ़ती ही जा रही है।

"शूटिंग तो आज ही है न" उसने अपनी डायरी निकाली, तारीख़ देखी, 24 जुलाई, अरे आज तो उसका जन्मदिन है! ...उसे अपना जन्मदिन कैसे भूल गया! और सुबह से कोई फ़ोन नहीं आया! फ़ोन ठीक तो है न ? उसने रिसीवर उठाकर कान से लगाया। डायल टोन तो ठीक है, उसने रिसीवर क्रैडल पर रख दिया।

किशन चाय और पेपर रख गया है। चाय का एक घूँट लेकर वह पेपर देखने लगा। तभी फ़ोन बज उठा।

फ़ोन दीपा का था, दीपा शाह, उसकी बहुत पुरानी फ़ैन और उसकी एक अच्छी दोस्त। जन्मदिन की मुबारकबाद दे रही थी। साथ ही क्षमायाचना भी कर रही थी कि कहीं उसकी नींद तो ख़राब नहीं कर दी। और यह भी कि वह

तो रात के बारह बजे ही उसे मुबारकबाद देना चाहती थी पर उसे डर था कि कहीं अभिनव बुरा ना मान जाए। उसे अच्छा लगा कि दीपा को उसे 'विश' करना याद रहा। और अगर देर रात नींद से जगाकर भी 'विश' करती तो भी उसे अच्छा ही लगता। कभी-कभी उसे दीपा की बोरियत की हद तक जानेवाली विनम्रता बिल्कुल अच्छी नहीं लगती। ...एक बात करेगी तो तीन बार सॉरी कहेगी। बहुत डरती है कि कहीं वह किसी बात का बुरा न मान जाए। दीपा का डरना ठीक भी तो है; वह भी तो बिना सोचे-समझे क्या कुछ नहीं कह देता उसे। कई बार तो उसकी 'इंसल्ट' कर चुका है। यह तो दीपा की विनम्रता है जो हर बार पिछला शिकवा भूलकर उसी प्यार से मिलती है, और उसकी तमाम कमज़ोरियों के बावजूद पिछले चार वर्ष से उसे सह रही है। वरना पिछले कुछ वर्षों में उसने जाने कितने मित्र बनाए और खोए हैं!

लॉबी में फिर फ़ोन बज रहा है, किशन ही उठाएगा। वह चाय का एक घूँट लेकर अख़बार देखने लगा।

''शूटिंग पर दस बजे पहुँचना है। उसी का 'रिमाइंडर' था'' किशन बता रहा है।

पर अपने जन्मदिन पर तो वह कभी शूटिंग करता ही नहीं। यह बात उसके ज़हन से निकल कैसे गई। वरना आज की तारीख़ वह किसी निर्माता को देता ही नहीं। और उसका सेक्रेटरी निगम—उसका दिमाग़ कहाँ गया था। अब वह स्टार नहीं रहा तो क्या निगम उसका जन्मदिन भी भूल जायेगा। पगार किस बात की लेता है स्साला ! उसका मन हुआ अभी नम्बर मिलाकर निगम को चार-छः मोटी गालियाँ दे डाले !

पर नहीं; कितने सालों से उसी पुरानी पगार पर काम कर रहा है। और अब नया सेक्रेटरी ढूँढ़ने कहाँ निकलेगा। चाय के आखरी घूँट के साथ वह अपना गुस्सा भी पी गया।

''किशन ! मेरे कपड़े निकाल दे।'' तौलिया लेकर वह बाथरूम में घुस गया।

नहाने में उसे काफ़ी समय लगता है। बाथरूम में वह कैसेट प्लेयर पर अपनी पसन्द की धुनें चला देता है और फिर शावर के नीचे देर तक खड़ा रहता है।

किशन फूलों का बुके रख गया है। पूछने पर बताता है कि ''ऊपरवाले फ़्लैट में जो माला बेबी रहती हैं न वही दे गई हैं—जब वह बाथरूम में था। उसे कॉलेज के लिए देर हो रही थी ! इसलिए कुछ देर इन्तज़ार करके चली गईं। शाम को आपसे मिलने फिर आयेंगी''—वह बता रहा है।

'कॉलेज-ऑफ-आर्ट्स' का प्रिंसिपल उसका पुराना 'फ़ैन' है और दोस्त भी। उसके एक फ़ोन से माला को अपने पसंदीदा कोर्स में दाखिला मिल गया था।

माला के घरवाले उसका काफ़ी अहसान मानते हैं। बुके तो आना ही था। पर बुके सुन्दर है—गुलाब-ही-गुलाब !

उसे याद आया, शैली ने भी उसे एक बार जन्मदिन पर गुलाबों का ही बुके भेंट किया था। पीले गुलाब! शैली को पीले गुलाब ही पसंद थे। पच्चीस-तीस गुलाबों के बुके में खुशबू का नाम भी नहीं था। उसने शैली को चिढ़ाते हुए कहा था, 'हैं तो बहुत सुन्दर, बिलकुल तुम्हारी तरह! ...पर खुशबू इनमें भी नहीं जैसे तुममें प्यार की खुशबू बिलकुल नहीं।''

''ऐसे डायलाग फ़िल्मों में ही बोला करो !'' शैली ने उसकी बात बीच में ही काट दी थी।

थोड़ी देर बाद जब उसने वही बुके उठाया था तो उसमें काफी खुशबू थी। ...उसे हैरानी हुई थी।

शैली ने उसमें अपना प्रिय सेंट 'रोज़ कार्दे' छिड़क दिया था—जो उसने उसे बाद में बताया था।

क्या कर रही होगी शैली इस समय ? ...वह अकारण ही सोचने लगा है। पिछले दो-तीन वर्षों से उसने उसे फ़ोन पर भी जन्मदिन की बधाई नहीं दी। उससे पहले अलग हो जाने के बाद भी वह उसे बुके भेजना नहीं भूलती थी। पिछली बार जब रमेश मिला था तो बता रहा था कि उसका बुटीक अच्छा चल रहा है...और...अब तो एक्सपोर्ट भी शुरू कर दिया है।

''शूटिंग कितने बजे है, किशन !'' उसने नौकर को फिर आवाज़ दी।

''दस बजे मढ आइलैंड पहुँचने को बोले हैं।'' कहकर किशन फिर रसोई में लग गया है। शायद खाना है आज किसी का। अभिषेक ने अवश्य ही अपने दोस्तों को बुलाया होगा। अक्सर कहता है—''भैया, आपका जन्मदिन मेरे लिए तो बहुत खास दिन होता है।'' उसे बहुत प्यार और अपनापन दिया है अभिषेक ने। है तो मासी का लड़का, पर सगे भाइयों से बढ़कर चाहता है उसे।

वह कुछ निश्चय नहीं कर पा रहा कि शूटिंग पर जाये या नहीं। कौन सी फ़िल्म की शूटिंग है आज! ...उसने अपना ध्यान उस ओर केन्द्रित करने की कोशिश की। ...शायद किसी धारावाहिक की है...उसने अपनी डायरी निकाली। ...आज तो जाना ही चाहिए। अगर वह नहीं जाता तो नुकसान तो उसका अपना ही है...ये लोग तो पेमेंट भी अच्छी कर रहे हैं...और रोज़ के रोज़ शाम को ही पैसे मिल जाते हैं। पर...आज का दिन तो खास दिन है उसके लिए। और अगर दोस्तों में से कोई मुबारकबाद देने आ पहुँचा...तो कैसा लगेगा ? ...सब मज़ाक उड़ायेंगे उसका—बहुत 'मनी-माइंडेड' हो गया है...या बहुत कड़की में लगता है आजकल...या ऐसा ही कुछ और। अपने दोस्तों को वह अच्छी तरह से जानता

है और यह भी कि उसके बारे में क्या-क्या बातें कर सकते हैं।

और उसने एक झटके के साथ निर्णय ले लिया, 'आज वह शूटिंग पर नहीं जाएगा। निगम को फ़ोन कर देगा, वह अपने आप देख लेगा। शाम को दोस्तों को बुला लेगा। वरना कहेंगे बहुत कंजूस हो गया है, आज भी बोतल नहीं खोली।'

''किशन, थोड़ी मिठाई ले आ जाकर, कोई आ गया तो, कुछ तो होना चाहिए घर में।''

''क्या लाऊँ साब !'' वह तौलिये से हाथ पोंछता हुआ उसके सामने आ खड़ा हुआ।

तकिये के नीचे से पर्स निकालकर उसने सौ-सौ के तीन नोट निकालकर किशन को थमा दिये, ''एक अपने लिये रख ले, तेरी बख़्शीश। ...आज मेरा जन्मदिन है, याद है न तुझे ?''

''मैं कैसे भूल सकता हूँ साब !'' वह संतोषभरी मुस्कान बिखेरते हुए चला गया।

लॉबी में रखा फ़ोन फिर से गला फाड़-फाड़कर चिल्लाने लगा है। ...किशन ...ऽ...ऽ ! उसने आवाज़ दी। रसोई में कोई हलचल नहीं। उसने मेज़ पर रखी कॉलबेल दबाई। ...कोई जवाब नहीं। किशन ज़रूर बाज़ार चला गया होगा। ...फ़ोन का गला बैठ गया है।

'कार्डलेस' लेकर वह ड्राइंगरूम में आ गया है। निगम का नम्बर मिलाने लगा। घंटी जा रही है, कोई उठा नहीं रहा। ज़रूर बाहर गया होगा। बैठक में रखे सारे पौधे मुँह लटकाए खड़े हैं। कई दिनों से किसी ने पानी नहीं दिया शायद। ...'साइड टेबल' पर रखी नटराज की मूर्ति पर भी धूल चमक रही है।

''किशन, इन पौधों में पानी डालो भाई, ऐसे तो मर जायेंगे सब ! कोई ध्यान ही नहीं रखता घर की चीज़ों का !''—वह बड़बड़ा रहा है। उसकी आवाज़ सुनकर अभिषेक अपने कमरे से बाहर आ गया है।

''जन्मदिन मुबारक हो भैया।'' अभिषेक ने अभिनव के पाँव छुए। उसकी आँखें नम हो आई हैं। पिछले कुछ अरसे से उसने महसूस किया है कि जहाँ कहीं उसे थोड़ा प्यार या अपनत्व मिलता है, वह भी भावविभोर हो उठता है, उसका गला भर आता है। उसकी आँखें नम हो आती हैं। इतना भावुक तो वह कभी नहीं था।

दीपा को तो उससे हमेशा ही यही शिकायत रही है कि वह बहुत ही शुष्क और...'कैल्कुलेटिव' है। —''मुझे हैरानी होती है कि तुम ऐसे अकेले कैसे जी लेते हो ? ...तुम्हें शैली की याद नहीं आती। अपनी बेटी से मिलने को मन नहीं करता...''

सिर्फ़ काम, नाम और पैसा, यह तीन शब्द ही उसके जीवन का मकसद रहे हैं। वह कभी भावुकता में नहीं बहा। और उसे लगता है कि यदि जीवन में किसी ध्येय को पाना है तो 'किलर इंस्टिंक्ट' का होना बहुत आवश्यक है। कोरी भावुकता का उसके जीवन में कोई स्थान नहीं रहा। ...फिर...अब यह क्या होता जा रहा है उसे !

सुरेखा नाश्ता रख गई है—एक गिलास जूस और एक टोस्ट ! उसे नाश्ता देखकर हँसी आ गई। उसके डाक्टर ने उसे कुछ दिन यही लेने की सलाह दी है—''अगर कुछ दिन और जीना चाहते हो तो खाने पर 'कंट्रोल' रखो। और पीना कम करो। जिस हिसाब से पी रहे हो, मेरा ख्याल है तुम्हें गुड बाई कर ही जाऊँ। फिर मौका मिले न मिले।''

सच ! बहुत ही कड़ा और रूखा है उसका डाक्टर। पर उसे मालूम है, वह जो कुछ कह रहा है, उसकी भलाई के लिए ही तो कह रहा है। इसलिए अब वह उसकी बात का बुरा नहीं मानता।

''तुम बहुत छोटी-छोटी बातों का बुरा मान जाते हो। मज़ाक को भी सीरियसली ले लेते हो।'' दीपा अक्सर कहती है।

पिछली बार भी जब वह उसके घर खाने पर गया था, दीपा ने उसकी पसन्द की चीज़ें खुद बनाई थीं। चम्पई रंग की साड़ी, उससे मेल खाती चूड़ियाँ और वैसी ही मोतियों की माला। बहुत ही आकर्षक लग रही थी उस दिन। अभिनव उसे देखता ही रह गया था।

''क्या देख रहे हो ?'' मेज़ पर मैट्रेस बिछाते हुए उसने पूछा था।

''यह रंग तुम पर बहुत खिलता है। ...क्या इरादे हैं। ...'' उसने शरारती अन्दाज़ में कहा।

''एई बदमाश ! ...खाना शुरू करो।'' उसने प्लेट उसकी ओर बढ़ाते हुए कहा था।

''तुम्हारे कॉलेज में लड़के भी पढ़ते हैं न ?''

''हाँ। ...क्यों ?''

''तुम्हारे लेक्चर्स उन्हें समझ आते होंगे, मुझे इसमें शक है।''

''पर क्यों ?'' उसने बड़े भोलेपन से पूछा।

''सब तुम्हारे चेहरे को ही निहारते रहते होंगे।''

''यू फ़्लर्ट ! ...'' दीपा का चेहरा शर्म से लाल हो गया था।

''मैं तुम्हें अभी तक समझ नहीं पा रही हूँ। किस किस्म के इंसान हो तुम।'' उसकी आँखों में सीधे झाँकते हुए उसने कहा था।

"क्यों जी, ऐसी क्या बात है। ...अब देखो, पिछली लड़ाई का जिक्र न शुरू कर देना। उसके लिए मैं पहले ही तुमसे माफ़ी माँग चुका हूँ।"

"तुम क्या समझते हो, एक सॉरी कह देने से सब कुछ ठीक हो जाता है। अपने 'टेम्पर' का कुछ तो करना होगा तुम्हें।"

"दम आलू बहुत अच्छे बने हैं।" अभिनव ने बात को बदलने की कोशिश की।

"तुम्हारी सबसे बड़ी गलती यही है कि तुम खुद को विश्लेषित नहीं करते। और इसीलिए अपनी गलतियों को दोहराते रहते हो।" उसके लहजे और आँखों में शिकायत थी।

" 'वन थिंग एट ए टाईम प्लीज़।' भई मैं एक वक्त में एक ही चीज़ खा सकता हूँ। ...खाना या डाँट! जो तुम चाहो।"

"अच्छा चलो माफ़ किया।" कहकर वह भी खाना प्लेट में डालने लगी।

पिछली लड़ाई की बात वह भूल नहीं पा रही थी। भूलती भी कैसे। अभिनव भी तो कभी-कभी कैसे छोटी-छोटी बातों पर अपना धैर्य खो देता है। उसे स्वयं ही समझ नहीं आता कि उसे क्या हो जाता है। उस शाम दीपा उसके घर आयी थी। बात-बात में दीपा ने मज़ाक किया था—"आज की शाम किसके साथ बिता रहे हो ?"

"माइण्ड योर ओन बिज़नेस ! मेरी ज़िन्दगी में दखल देने का हक मैंने नहीं दिया है आपको। ...मैं अपनी शामें या रातें जिसके साथ चाहे गुजारूँ। ...आप अपनी हद में रहा करें मिस दीपा !"

दीपा का चेहरा एकदम उतर गया था—मुरझाए फूल की तरह। कुछ नहीं कहा उसने अपनी सफ़ाई में। कुछ देर कमरे का माहौल काफ़ी बोझिल रहा।

"एक बीयर और लेंगी ?" अभिनव ने किशन को आवाज़ दी।

"नो थैंक्स।" आँखें बिना उठाए उसने कहा था। "अब चलती हूँ। आप आराम कीजिए।" उसके जवाब की प्रतीक्षा किये बिना ही वह हैंड-बैग उठाकर कमरे के बाहर हो गई थी। आँखों में आई नमी और आवाज़ की भर्राहट को वह तमाम कोशिशों के बावजूद छिपा नहीं पाई थी।

तीन-चार दिन अबोला रहा था। फिर दीपा ने ही फ़ोन किया था उसे। खाने पर बुलाया था।

घर में कहीं कोई हलचल नहीं है। दरवाज़े की घण्टी से उसकी तन्द्रा टूटी। उसे ही उठकर जाना होगा।

डाकिया ढेर से ग्रीटिंग कार्ड उसे थमा गया है। कई लोगों को आज भी उसका जन्मदिन याद रहता है। उसे अच्छा लगा। कुछ रिश्तेदारों के हैं, कुछ

चाहनेवालों के—यानि 'फ़ैन मेल'। एक कार्ड देखकर उसका चेहरा खिल उठा है। कार्ड मीनल ने भेजा है—मीनल, उसकी बेटी। कॉलेज से ही भेजा होगा, माँ से चोरी। वैसे माँ की सख्त ताकीद है कि पिता से कोई सम्बन्ध नहीं है अब। वह ही कभी-कभी कॉलेज चला जाता है—मीनल से मिलने। बहुत सुन्दर है उसकी बेटी—लम्बी, गोरी, तीखे नैन-नक्श, बेहद आकर्षक। सब कहते हैं, उस पर गई है। अच्छा लगता है उसे उसमें अपना प्रतिरूप देखकर।

शैली भी तो बहुत खुश होती थी जब सब कहते थे कि बेटी अभिनव जैसी है। वह भी तो उसे बहुत अच्छा लगता था। देर तक निहारती रहती थी उसे, "बहुत सुन्दर हो तुम, आई एम प्राऊड आफ़ यू, आई लव यू" और आलिंगन में बाँधकर उसे चूम लेती। बहुत भावुक थी वह। कुछ मधुर क्षण आज भी याद हैं अभिनव को।

कभी उसकी फ़ैन मेल उठाकर पढ़ती तो बहुत कुढ़ती थी।—"सब के सब लड़कियों के हैं"—तुम मुझे अच्छे लगते हो। ...मैं तुम्हारे बिना जी नहीं सकती ...मैंने तुम्हारी फ़ोटो से शादी कर ली है...या ऐसा ही कुछ लिखा होता। "जला दूँगी सब के सब ! 'स्टूपिड गर्ल्स!' " वह बड़बड़ाती रहती और वह हँसता रहता उसके बचपने पर।

मीनल का कार्ड बहुत ही प्यारा है। शैली को अब मीनल की सूरत देखकर अवश्य ही गुस्सा आता होगा कि क्यों है वह अभिनव जैसी! उसे हँसी आ गई। ऐसा कैसे होता है कि जिसे एक समय हम इतना प्यार करते हैं कि उसके बिना कुछ क्षण भी बिताने मुश्किल लगते हैं, उसी के बिना हम कई वर्ष बिता देते हैं। उसने भी तो कम प्यार नहीं किया था शैली को। और आज...? शायद उसे देखे हुए भी नौ वर्ष हो गये हैं।

पिछली बार जब खन्ना आया था तो बता रहा था कि शैली क्लब जाती है और आज भी वैसी ही दिखती है—एकदम छरहरी, नपा-तुला जिस्म और आत्मविश्वास से दीप्त चेहरा, जो उसे दूसरी औरतों से अलग करता था। पर आत्मविश्वास और अभिमान में बहुत कम अन्तर होता है। शैली के आत्मविश्वास ने कब अभिमान का रूप ले लिया, उसे पता ही नहीं चला था और यह अभिमान ऐंठते-ऐंठते उसके घर की दीवारों को तोड़ गया था।

कितनी छोटी-छोटी शिकायतें थीं शैली को उससे, "पिछली शूटिंग में तुम हीरोइन से इतना सटकर क्यों बैठे थे ? तुम्हारे जन्मदिन पर फलाँ अभिनेत्री ने तुम्हें किस क्यों किया? फोन पर लड़कियों से इतनी देर तक क्यों बातें करते रहते हो ?" ...धीरे-धीरे उसे शूटिंग के लिए अभिनव का रातों को बाहर रहना भी अखरने लगा था, "रात को शूटिंग पर ही गये थे या कहीं कोई दूसरी रख

रखी है?'' कभी अपना गुस्सा फ़ैन मेल पर उतारती।

अभिनव ने उसे कई बार समझाने की कोशिश की थी, ''मेरा काम ही ऐसा है शैली ! मेरा वजूद मेरे चाहनेवालों से ही तो है। उनके प्यार, उनकी दीवानगी से ही तो मैं आज इस मुकाम पर हूँ। कल जब यह सब नहीं होंगे, तो तुम्हें ही अच्छा नहीं लगेगा।''

''यू फ्लर्ट ! अपनी कमज़ोरी को छिपाने के लिए नये-नये तर्क ढूँढ़ लेते हो।'' और वह अपना हाथ छुड़ा लेती।

अभिनव को उसकी अधिकार भावना पर हँसी भी आती थी और प्यार भी। उसकी शिकायतों को उसने कभी गंभीरता से नहीं लिया। वह सोचता था कि एक दिन जब शैली 'मैच्योर' हो जायेगी तो उसे स्वयं ही हँसी आयेगी अपनी इन शिकायतों पर। पर ऐसा हुआ नहीं। छोटी-छोटी बातों ने धीरे-धीरे पर्वत का रूप ले लिया। वह केवल एक पर्वत होता तो कोई बात नहीं थी। पर वह तो ज्वालामुखी था, और फट गया एक दिन। झुलस गया था उसमें अभिनव का संसार, उसके मन की शांति और स्वयं अभिनव भी।

किशन खाना ले आया है। बिस्तर पर अखबार बिछाकर ट्रे उसके सामने रख दी है। खाने को जी नहीं हो रहा। आज उसका मन बहुत ही उदास है—कुछ अधिक ही अकेलापन महसूस हो रहा है उसे। किशन को आवाज़ लगाई। खाना वापिस।

दरवाज़े की घंटी से उसकी नींद खुल गई। निगम बहुत सारे फूलों के बुके लेकर आया है—मुबारकबाद भेजने वालों की लिस्ट दिखा रहा है, ''यह कुमार साहिब के यहाँ से, यह पारितोष जी ने भेजा है, यह रत्नावली जी और यह शेखर साहिब की ओर से।'' फूलों से उसका कमरा भर गया है। उसे मालूम है जितने लोगों के यहाँ से बुके आये हैं, उनमें से किसी को भी उसका जन्मदिन याद नहीं होगा। उन सबके सेक्रेट्रियों ने डायरी में तारीख देख औपचारिकता पूरी की है। ...सुगन्धहीन फूल !

''साहिब जी, अगले महीने की सारी तारीखें, मैंने वासवानी साहिब को दे दी हैं। ...उस नये सीरियल के लिए।'' निगम बता रहा है, ''मुखर्जी साहब कल आ रहे हैं आपसे मिलने। ...और हाँ मढ आइलैंड पे फ़ोन कर दिया है कि आपकी तबीयत ठीक नहीं है। ...मुखर्जी साहब नई फ़िल्म अनाउंस कर रहे हैं। इसी सिलसिले में आपसे मिलने आ रहे हैं।''

यह ख़बर अच्छी लगी उसे। नई फ़िल्म साइन करेगा तो अच्छा ही है। कुछ तो करना ही है। वैसे रोल में कुछ नया होगा, इसमें तो उसे शक ही है। —वही बड़े भाई का रोल या पुलिस अफ़सर, हीरोइन का पिता। ...उसे ऊब होने लगी

है अब ऐसे चरित्रों से। पर रोल चुनने की स्थिति में भी कहाँ रहा है अब वह।

निगम चाय पीकर चला गया है। अभिनव ने वीडियो पर एक अंग्रेज़ी फ़िल्म लगा ली है। पश्चिम में फिर से भावुकतापूर्ण कहानियों का दौर चल पड़ा है। फ़िल्म देखते-देखते उसकी आँख लग गई है। नींद खुली फ़ोन की घंटी से—खन्ना, राकेश, रोहित सब के सब, घर आकर मुबारकबाद देना चाहते हैं। वह कुछ निश्चय नहीं कर पा रहा है कि उन्हें बुलाये या नहीं। पर वे मानेंगे क्या ? बिना शैम्पेन खोले, उसका जन्मदिन कैसे मनेगा।

टी.वी. बन्द करके वह बालकनी में आ गया है। आज हवा अच्छी चल रही है। बालकनी से सटे अशोक के पेड़ हवा के झोंके के साथ ज़ोर-ज़ोर से झूम रहे हैं, बेमतलब !

नीचे शायद कॉलेज की कुछ लड़कियाँ जा रही हैं। एक ने उसे पहचान लिया है। ...यानि, लोगों में अभी भी उसकी पहचान बनी हुई है। ...उस लड़की ने औरों को भी उसके बारे में बताया है। अब वे सब उसे देखकर हाथ हिला रही हैं।

अभिषेक के कमरे से पाश्चात्य धुनों के साथ कुछ महीन आवाज़ें और कुछ मर्दाना ठहाके सुनाई दे रहे हैं। उसके दोस्त आ गये हैं शायद।

सामने की लेन की आखिरी बिल्डिंग पर बहुत-सी बिजलियों की कतारें चमक रही हैं। शादी है शायद। बहुत सुन्दर सजावट की है।

उस दिन सम्राट होटल भी तो ऐसे ही जगमगा रहा था। सब्र ओर रोशनी ही रोशनी, खुशबू और शबाब, रंगीन पोशाकों में थिरकते जिस्म, खिलखिलाते, अपनी भंगिमाओं से उसे आकर्षित करती कुमारियाँ और उन सब के प्रणय निवेदन को ठुकराता वह। धरती पर पाँव ही कहाँ पड़ रहे थे उसके उस दिन। उसकी तीन फ़िल्में लगातार सुपरहिट हुई थीं—निर्माताओं का ताँता लग गया था उसके घर पर। दोस्तों का आग्रह—उसे जन्मदिन मनाना ही पड़ा। सब बधाइयाँ दे रहे थे—

''कमाल कर दिया अभिनव ! क्या परफ़ार्मेंस दी है भाई ! बधाई !''

''क्या लगते हैं अभिनव साहिब ! मैं तो कहूँगी इस सदी के सबसे हैंडसम स्टार हैं!''

''अरे साहब, आपने तो सुदीप जी की भी छुट्टी कर दी उस रोल में!''

और वह अपनी प्रशंसा सुन-सुनकर नशे में डूब-डूब जाता था। सच ! शोहरत का नशा ही कुछ और होता है।

आग का लाल गोला सामने पश्चिमी क्षितिज पर आकर लटक गया है। थोड़ी

ही देर में वह समुद्र की लहरों पर डूबने-उतरने लगेगा। इस समय बालकनी में खड़े रहकर डूबते सूर्य को देखना उसे बहुत अच्छा लगता है। अस्त होते सूर्य में उसे अपना प्रतिबिम्ब दिखाई देता है। कभी वह भी मध्याह्न के सूर्य की तरह अपनी पूरी ख्याति के साथ फ़िल्मी आकाश पर चमका था। ...पर आज ?

सामने सूर्य आधा पानी में डूब गया है। कुछ ही क्षणों में वह पूरा डूब जायेगा। कल फिर वह इसी लालिमा के साथ उगेगा, जगमगायेगा—पर उसके लिए ऐसी कोई सुबह नहीं आयेगी। वह तो पिछले कई वर्षों से निरन्तर डूबता ही जा रहा है—गुमनामी और अकेलेपन के समुद्र में। और यह समुद्र लगातार उसके चारों ओर बढ़ता जा रहा है। शाम का धुँधलका अपने पूरे वज़न के साथ उसके कंधों पर आ झुका है। उसकी साँस तेज-तेज चलने लगी है। ...उसका दम घुटता जा रहा है। अब...अब वह ज़्यादा देर वहाँ खड़ा नहीं रह सकता। भीतर आकर वह आरामकुर्सी में धँस गया है। उसका हाथ स्वयमेव ही कॉलबेल पर चला गया है।

"किशन ट्रे ले आओ !" उसके होंठों से अनायास ही निकल रहा है। उसे फिर वही कमज़ोरी महसूस हो रही है। और उसे फिर वही अस्त्र चाहिए, अकेलेपन से जूझने के लिए!

कोष्ठक

कामिनी ! हाँ यही नाम तो था उसका। नरेन और उसका सम्बन्ध भी कुछ विचित्र-सा था। जब वह उसे पहली बार मिला था तो शायद वह चौदह-पन्द्रह वर्ष की रही होगी। नरेन नई-नई शादी करके बम्बई आया था। कोलाबा के बधवार पार्क में उसकी पड़ोसन थी वो। अपने परिवार में सबसे छोटी–दो भाइयों की लाडली बहन। नरेन शादीशुदा था तो जाहिर है उसके लिए अंकल ही था। और कामिनी के माता-पिता उमर में नरेन और उसकी पत्नी से काफ़ी बड़े थे। सो वो उनके आंटी-अंकल हो गये। तो कामिनी किसकी क्या लगी, यह पहेली कभी बूझ नहीं पाई। पर हाँ, अंकल उसे अच्छे लगते थे बस! इससे आगे उसे सोचने की आवश्यकता महसूस नहीं हुई।

नरेन को कामिनी के बारे में सोचने का कभी अवसर ही नहीं मिला। सिवाय इसके कि नवीं कक्षा में पढ़ती है, स्कूल जाती है और आ जाती है। यदि स्कूल ना भी जाती तो नरेन को कौन-सा फ़र्क पड़ने वाला था। पर कामिनी अपने चौदह-पन्द्रह वर्ष से कहीं बड़ी लगती थी। उसके शरीर सौष्ठव को देखकर कोई भी उसे सत्रह-अट्ठारह साल की लड़की तो मान ही लेता। बहुत कम बोलती थी। जैसे अधिक बोलने से शब्द ज़्यादा ही ना खर्च हो जायें।

कामिनी शब्दों के मामले में मितव्ययी थी, इसका अर्थ यह कदापि नहीं कि कुछ भी नहीं कहती थी। उसकी एक बात ने तो नरेन को अचम्भित ही कर दिया था, "अब देखिए ना अंकल, जो दस बातें करेगा, उसके लिये दस गलत बातें करने की संभावना है। पर जो बात ही एक करेगा, वो तो दस गलत बातें नहीं बोल सकता ना ! यदि हर व्यक्ति अपनी हर बात को बोलने से पहले तोलना सीख ले तो दुनिया भर में कितनी गलत बातें हो ही नहीं पायें। फिर कितनी शक्ति, कितनी ऊर्जा की बचत हो जायेगी...है न अंकल!" कामिनी अपनी

बड़ी-बड़ी आँखों को ऐनक में गोल-गोल घुमाते हुए पूछती तो नरेन उसके भोलेपन में खो जाता।

इतने छोटे वय में ऐसी समझदारी की बात! शायद वह पहला अवसर था जब नरेन ने कामिनी को ग़ौर से देखा था। गेहुँआ रंग, अपनी माँ की तरह पतली और लम्बी, चिकनी त्वचा, मोतियों से दाँत, चेहरे पर चश्मा लगा था। नरेन भी तो अपनी तरह का एक ही झक्की आदमी था। उसे केवल वही लड़कियाँ सुन्दर लगती थीं, जिनको चश्मा लगा हो। यही नहीं उसे बहुत-सी वो वस्तुएँ पसन्द थीं जो कोई आम आदमी कदापि नहीं सराह सकता था। मुझसे तो अपने मन की सभी बातें कह डालता था, "देखो पार्टनर, मुझे हर काम में अड़चनें बहुत अच्छी लगती हैं। कोई भी काम निर्विघ्न यदि पूरा हो जाये, तो लगता ही नहीं कि कोई काम किया है। जब-जब दिक्कतों, मुसीबतों और अड़चनों को दूर करके कोई काम करता हूँ तो मन को खासा सुकून मिलता है। ...अब देखो न अगर प्यार करते समय चश्मा बीच में आ जाता है तो एक अड़चन तो होती ही है न ! फिर उस अड़चन के रहते हुए प्यार करना और उस अड़चन को हटाकर प्यार करना...इसका मज़ा ही कुछ अलग है।" और वह ठहाका लगाकर अपनी ही बात पर हँस पड़ता।

बड़ा जीवन्त आदमी है नरेन। कठिन-से-कठिन समस्या के साथ जूझते समय भी नरेन के चेहरे पर मुस्कान ही दिखाई देती है। शिकन का तो उसके चेहरे से दूर का सम्बन्ध भी नहीं। बात-बात पर मज़ाक करना, ठहाका लगाना और जीवन के एक-एक क्षण को जी लेना उसका स्वभाव है। शुभांगी—उसकी पत्नी—भी कई बार उसके मज़ाक का केन्द्र बन जाती थी। स्वयं अपने आप पर हँसने में भी नरेन पीछे नहीं रहता था। बहुत छोटे से समय में ही नरेन अपनी बिल्डिंग में रहनेवाले सभी लोगों का चहेता बन बैठा था। सभी प्रतीक्षा में रहते कि कब नरेन फ़्लाइट से लौटेगा। विशेषकर बच्चे तो अपने चॉकलेट अंकल की बहुत आतुरता से प्रतीक्षा करते थे। नरेन विदेश से उनके लिए चॉकलेट जो लेकर आता था।

कई बार तो मैं भी सोच में पड़ जाता था। क्या नरेन सचमुच ही इतना जीवंत और महान् है या एक सदाबहार मुखौटा उसने अपने चेहरे पर लगा रखा है। जीवन से बड़े हर व्यक्ति पर मुझे शक होने लगता है। मैं स्वयं एक साधारण आदमी हूँ। असाधारण लोग मुझमें शुबहे की भावना जगा जाते हैं। और नरेन तो एक तूफ़ान का नाम है।

कम बोलेनेवाली कामिनी भी अपने नरेन अंकल के तूफ़ानी व्यक्तित्व से अछूती नहीं रह पाई थी। अपने आप से ही नरेन के विषय में बतियाती रहती।

नरेन के बचपन के ग़र्दिश भरे दिनों की दास्तान सुनकर जैसे पिघलने लगती कामिनी। एक बार तो शुभांगी से कह ही बैठी, "आंटी, अंकल कितने ग्रेट हैं ना ? अंग्रेजी लिट्रेचर में पढ़ाई की, एयर लाइन में नौकरी करते हैं और हिन्दी में कहानियाँ लिखते हैं। ...हैं ना ग्रेट ?" ...और शुभांगी सिर्फ़ मुस्कुरा भर देती।

शुभांगी तो बचपन से ही नरेन को जानती थी। वह कई बार कामिनी को नरेन की कहानी सुना भी चुकी थी। कैसे वे दोनों एक ही स्कूल में पढ़ते थे। उसने तो नरेन को धरती से आकाश की ओर बढ़ते हुए देखा है, महसूसा है। कॉलेज के दिनों में नरेन के नाटक देखने के लिए दीवानी-सी रहती थी शुभांगी। वह स्वयं आश्चर्यचकित होती थी कि यह इंसान दिन में नौकरी करता है शाम को पढ़ाई। इस बीच दफ़्तर में यूनियन, कॉलेज में यूनियन, कल्चरल एसोसियेशन, पत्रिका, रेडियो और टेलिविज़न पर ड्रामे...कहाँ-कहाँ व्यस्त रहता है वह आदमी। इस व्यक्ति का दिन भी चौबीस घंटे का ही होता है या भगवान ने इसके लिए कुछ अधिक ही लम्बा दिन निर्मित किया है। उसने नरेन को सदा भागते ही देखा था—कभी साइकिल पर तो कभी पैदल। उसकी लाल रंग की बी.एस.ए. साइकिल तो उसका ट्रेड मार्क ही बन गई थी। शुभांगी को साहित्य में जब कभी भी कोई मुश्किल या दिक्कत पेश आती तो सदा नरेन ही उसे सुलझाता था—एक वटवृक्ष जो शुभांगी के लिए सम्बल था। फिर भी परीक्षा में शुभांगी सदा ही नरेन से अधिक अंक जुटा लेती थी। वह कभी भी समझ नहीं पाती थी कि जो इंसान उसे साहित्य पढ़ा लेता है वह हमेशा परीक्षा में उससे पीछे कैसे रह जाता है।

आज का नरेन तो खासा सुस्त हो गया है। किन्तु आदत अब भी वही पुरानी है। सुबह छः बजे तक उठ जाता है, सैर को जाता है, वापिस आकर चाय पीता है और कुछ लिखने बैठ जाता है। पहले तो अंग्रेज़ी में ही लिखता था, फिर अचानक न जाने क्या सूझा कि हिन्दी में लिखना शुरू कर दिया। अवश्य ही किसी ने चैलेंज किया होगा कि नरेन हिन्दी में नहीं लिख सकता। अन्यथा ऐसी क्या आवश्यकता आन पड़ी थी कि अच्छी-भली अंग्रेज़ी छोड़कर हिन्दी में लिखने लगे।

घाटे के सौदे करने में तो पक्का सिद्धहस्त है नरेन ! अंग्रेज़ी में लिखने से तो पैसे भी अधिक मिलते थे। फिर भी हिन्दी में लिखता है। शुभांगी को फिर याद आ जाता है नरेन का घाटे का सौदा। शुभांगी के माता-पिता तो दहेज देने के लिये ज़िद कर रहे थे। किन्तु नरेन अड़ गया था, "शादी या तो कोर्ट में करूँगा या फिर मन्दिर में। और जो कपड़े शुभांगी ने पहने होंगे उसी में उसे ले जाऊँगा। इसके अतिरिक्त मुझे कुछ नहीं चाहिए।"

ममी-डैडी ने तो सोच भी लिया था कि उन्हें नहीं करनी ऐसी शादी। एक बेटी है और उसकी शादी भी ऐसे कर दें जैसे किसी चोर की शादी हो रही हो।

शुभांगी परेशान ! कभी नरेन को समझाये तो कभी ममी-डैडी को, "ममी आपका क्या नुकसान है ? आजकल ऐसे लड़के मिलते कहाँ हैं जो दहेज के बिना शादी करने की सोचें। और एक आप हैं कि समझ ही नहीं रही हैं।"

और नरेन ने भी इतना समझौता कर लिया था कि वह बारात लेकर आयेगा और आम शादियों की तरह शादी होगी। बस ! इसके अतिरिक्त कुछ भी नहीं। लेन-देन पर कोई बातचीत नहीं हो सकती। इस पर भी वह घोड़ी पर नहीं बैठा था। उसे बहुत भद्दा लगता था कि घोड़ी पर बिठाकर, सेहरा बाँधकर उसका जुलूस निकाला जाये और सड़कों पर लोग घोड़ी के सामने अंट-शंट तरीकों से कूल्हे मटकायें और उसे डांस कहें।

यह सब बातें कामिनी स्वयं शुभांगी के मुँह से सुन चुकी थी। रह-रह कर रोमांच हो आता था उसे। अपने नरेन अंकल पर उसे गर्व होने लगता था। जितना वह नरेन अंकल के बारे में सोचती उतने ही वो उसे और भी अधिक अपने लगने लगते। होंठों पर चुप्पी का ताला लगाये सदा ही निहारती रहती अपने अंकल को। नरेन उसका भी मज़ाक उड़ाता रहता था और कामिनी की साँवली गालें भी लाल होने लगती थीं।

नरेन का शराब और सिगरेट ना पीना कामिनी को बहुत अच्छा लगता था। मन-ही-मन सोचती भी रहती, "यह कैसे हो सकता है ? एयरलाइन के तो सभी परसर शराब और सिगरेट पीते हैं। कम-से-कम उसका अनुभव तो यही है।" कई बार दिमाग़ में चित्र बनाती रहती कि नरेन के मुँह में सिगरेट है और हाथ में व्हिस्की का गिलास। उसे तो शराब पीनेवाले नरेन पर भी उतना ही प्यार आ रहा था।

सोच तो रुकने का नाम ही नहीं लेती, "नरेन अंकल बम्बई में ही शराब नहीं पीते या कहीं भी नहीं पीते होंगे। पूरी दुनियाँ में तो घूमते रहते हैं। और वहाँ तो अकेले भी होते हैं। साथ में एयर-होस्टेस भी होती हैं। और विदेशों में तो लड़कियाँ भी सुलभता से मिल जाती हैं। क्या नरेन अंकल की कोई प्रेमिका किसी और देश में भी होगी ?"

शुभांगी की बात पर कामिनी को एकाएक विश्वास नहीं हुआ था। शुभांगी ने बात भी तो ऐसी ही कही थी, "मैं तो इनसे कहती हूँ, हर देश में एक-एक बेटा पैदा कर लें। जब हम बड़े होंगे तो दस-बारह बेटे आस-पास खड़े हो जायेंगे। हर एक में इनकी थोड़ी-थोड़ी झलक दिखाई देगी। कितना मज़ा आयेगा!"

कामिनी तो मन-ही-मन शुभांगी से लड़ने को भी तैयार हो गई थी। कितनी कठिनाई से रोका था उसने अपने आपको। यदि कुछ भी कह देती तो शुभांगी यह भी तो पूछ सकती थी कि, "आख़िर पति तो मेरे हैं तुम्हें क्या दिक्कत है?"

वह तो सोच भी नहीं सकती थी कि उसके नरेन अंकल किसी और के साथ वो सब कर सकते हैं जिससे बच्चा पैदा होता है।

नरेन के प्रति कामिनी का लगाव पागलपन की हद तक बढ़ता जा रहा था। किन्तु नरेन को इसकी कोई खबर नहीं थी। वह अब भी बड़े प्यार से कामिनी की पोनीटेल खींचकर उसकी गाल पर पप्पी कर देता था। उसके बाद कामिनी घंटों तक शीशे के सामने अपने गाल को निहारती रहती। फिर स्वयं ही लजा जाती।

कभी-कभी कामिनी एक अजीब-सी दुविधा से ग्रस्त हो जाती थी, ''क्या नरेन अंकल को सचमुच हर विषय पर इतनी 'नॉलिज' है या केवल उसे 'इम्प्रेस' करने के लिए तैयारी करके आते हैं।'' फिर स्वयं ही अपने इस घटिया से ख़्याल को झटका देकर दिमाग़ से निकाल बाहर करती।

मन-ही-मन कामिनी ने निर्णय ले लिया था कि वह भी अंग्रेज़ी साहित्य पढ़ेगी। उसकी चाल-ढाल, बोलने का ढंग, सब नरेन के रंग में ढलते जा रहे थे। वह उसी रंग के कपड़े पहनती जो नरेन को पसन्द थे। नरेन ने विदेश से तीन-चार पोशाकें कामिनी को लाकर दी थीं। प्रत्येक विशेष अवसर पर उनमें से ही कोई पोशाक निकालकर पहन लेती। शुभांगी की समझदार आँखें कामिनी को देखतीं, उसकी स्थिति को समझतीं और मुस्कुरा देतीं। कामिनी के इस पागलपन भरे बचपन को समझ रही थी शुभांगी। फिर भी उसने ना तो कभी कामिनी को टोका और न ही कभी नरेन से इस विषय में बात की।

कामिनी नरेन का उपग्रह बनती जा रही थी। उसकी सोच का केंद्र नरेन ही था। नरेन कितना अच्छा है, नरेन को खाने में क्या पसन्द है, उसे कौन-सा एक्टर पसन्द है, कौन-सी फ़िल्म पसन्द है, कौन-सा शइर पसन्द है, इन सब वस्तुओं का एक पूरा एनसाइक्लोपीडिया था कामिनी के पास। नरेन को मिलने से पहले कामिनी को राजकपूर और उसकी फ़िल्में बिल्कुल पसन्द नहीं आती थीं। पर अब वह वीडियो पर राजकपूर की पुरानी से पुरानी फिल्में देखती रहती है।

वह नरेन को अब केवल अंकल नहीं कहती थी—नरेन अंकल कहती थी। उसे नरेन कह लेने मात्र से अपार सुख मिलता था। थोड़ा अधिक अधिकार, अपनापन और निकटता। ''नरेन अंकल, अब तो हम भी अंग्रेज़ी लिट्रेचर पढ़ रहे हैं। आप हमें भी थोड़ा गाइड कर दिया करें ना।''

''कामिनी देवी, हम स्वयं तो कभी अच्छे नम्बर एक्ज़ाम में ला नहीं पाये, तुम्हें पढ़ायेंगे तो तुम्हारा भी बेड़ा गर्क कर देंगे। ...देखो बात यह है कि मैंने साहित्य पढ़ा है अपनी खुशी, अपने शौक के लिए। अब पढ़ाई के साथ डिग्री

भी मिल गई यह एक अलग बात है। एक बात का ध्यान रखो तुम्हारे 'एग्ज़ामिनर' की भी एम. ए. में सेकंड डिवीज़न आई थी। भला वो यह कैसे बरदाश्त कर सकता है कि जिसको उसने पढ़ाया है, वह फर्स्ट क्लास ले ले। और फिर कोई भी प्रोफ़ेसर यह कैसे बरदाश्त कर लेगा कि उसका विद्यार्थी सोचने लगे। जब लेक्चरर बनकर भी वह साहित्य के बारे में मौलिक सोच नहीं रखता, तो उसका विद्यार्थी ऐसा कैसे कर सकता है। सो इम्तहान में यही नहीं लिखना कि शेक्सपीयर ने क्या लिखा है—बस यही लिखना कि ब्रैडले, डॉ. जानसन या टी. एस. ईलियट उसके नाटकों के बारे में क्या कहते हैं। कहीं मेरे मौलिक विचार तुमने परीक्षा में लिख दिये तो हो लीं तुम पास!"

मंत्रमुग्ध-सी सुनती जा रही थी कामिनी। अपनी छोटी से छोटी बात को भी कितने रोचक ढंग से प्रस्तुत करता है नरेन। हर विषय पर कितना अधिकार है नरेन अंकल को।

खिड़की से बाहर दूर तक फैले समुद्र को देखने की आदत-सी पड़ गई थी कामिनी को। बधवार पार्क के गेट के बाहर सड़क, फिर कोलियों की एक बस्ती और फिर जहाँ तक निगाह जाये समुद्र ही समुद्र। दाईं ओर नरीमन पाइंट की दैत्यनुमा बिल्डिंगें तो बाईं ओर कफ़ परेड। वह कई बार सोचती, कफ़ परेड का क्या अर्थ हो सकता है ? खाँसी की परेड ? नहीं यह तो नहीं होना चाहिए। तो फिर ? कफ़ तो कमीज़ की बाँह पर भी बना होता है। ...सोचती रहती ...पर कफ़ परेड अपनी जगह कायम रहता। उसे पता ही नहीं चलता कि एक लड़की खिड़की में बैठी उसके नाम का विश्लेषण करे जा रही है।

एकाएक कामिनी की निगाह सोसाइटी की दीवार पर जा टिकी। एक कबूतर और कबूतरी चोंच में चोंच डाले एक-दूसरे को प्यार कर रहे थे। थोड़ी देर कबूतर कबूतरी के ऊपर चढ़ जाता, फिर पंख फैल जाते और वह नीचे उतर जाता। फिर चोंच से चोंच मिल जाती। एकाग्रचित्त कामिनी उस दृश्य को निहार रही थी। इतने में वाचमैन ने आकर दोनों को डराकर उड़ा दिया। उसे वाचमैन बहुत बुरा लग रहा था। ऐसा लग रहा था जैसे वाचमैन के सिर पर दो सींग उग आये हों और सामने दो दाँत। कुछ यूँ भी लगा जैसे नरेन अंकल को कोई उससे दूर किये जा रहा हो। उदास हो गई कामिनी।

दरवाज़े पर घंटी बजी। उछल पड़ी कामिनी। यह तो नरेन अंकल की घंटी है। वही हैं जो इकट्ठी दो बार घंटी बजाते हैं। दरवाज़े से नरेन की आवाज़ सुनाई दी और कामिनी की उदासी उसी दरवाज़े से बाहर खिसक ली। नरेन अंकल और शुभांगी आंटी बाहर से ही आये थे। हाथ में खाण्डवी का पैकेट। खाण्डवी ही तो एक ऐसी चीज़ है जो नरेन अंकल को कामिनी के कारण पसन्द

है। जब भी कोलाबा मार्केट जाते हैं तो खाण्डवी ज़रूर लेकर आते हैं। कामिनी जल्दी से चाय बना लाई। चाय, खाण्डवी और नरेन के हँसगुल्ले।

कामिनी एकटक निहारे जा रही थी अपने नरेन अंकल को। सम्पूर्ण रूप से अभिभूत। नरेन के व्यक्तित्व की प्रतिछाया! अपनी भावनाओं के आवेग को बस किसी तरह दबाये हुए थी कामिनी। नरेन की आकृति दिन-प्रतिदिन बड़ी होती जा रही थी। और कामिनी कई बार सोचती भी थी कि उसके छोटे से दिल में इतने विशाल नरेन अंकल कब तक और कैसे समा सकेंगे। उस दिन पूछ ही तो बैठी, ''नरेन अंकल आपको पता है छवि टूटने से क्या होता है ?''

नरेन फिर से शुरू हो गया, ''देखो कामिनी, प्रत्येक व्यक्ति किसी-न-किसी को लेकर कोई तस्वीर बनाता है। जैसे तुम ही देख लो। तुमने अपने अध्यापक की एक कृति, एक छवि अपने दिमाग़ में बना रखी है। उस छवि के अनुसार तुम्हारे अध्यापक एक महान् पुरुष हैं जो कभी भी कोई ग़लत काम कर ही नहीं सकते। अब अचानक एक दिन आप बाज़ार में देखती हैं कि आपका अध्यापक कोई ग़लत काम कर रहा है—जैसे...किसी लड़की को छेड़ रहा है। तो आपके मन में बनी उसकी छवि स्वयमेव टूट जाती है। अब उस अध्यापक ने तो आपको आकर प्रार्थना नहीं की थी कि, 'ऐ, कुमारी कामिनी देवी ऑफ धर्मशाला, हिमाचल प्रदेश, कृपया मेरी एक छवि अपने दिल में बना लो।' और न ही उसने बाद में कहा कि, 'आई हेयरबाई रिक्वेस्ट यू टू काइन्डली ब्रेक दि इमेज़ दैट यू हैव क्रियेटिड अबाऊट मी।' तुमने स्वयं ही अपने टीचर की एक छवि बनाई और स्वयं ही तोड़ भी दी। न तो अध्यापक ने छवि बनाने को कहा और न ही तोड़ने को।'' सभी ज़ोर का ठहाका लगाकर हँसने लगे। कामिनी कनखियों से नरेन अंकल को निहारे जा रही थी। ...पकड़ी गई। ...नरेन की निगाहों ने उसकी नज़र को गिरफ़्तार कर ही लिया।

कामिनी स्वप्नमयी होती जा रही थी। अब शायद नरेन भी स्थिति समझने लगा था। उसके अहम् को एक विचित्र प्रकार की संतुष्टि मिल रही थी। अपने से पन्द्रह वर्ष छोटी युवती के सपनों का राजकुमार बनता जा रहा था वह। कामिनी के शर्म से लाल होते गालों का मज़ा उसे एक विचित्र सा आनंद देने लगा था। अब वह केवल कामिनी के बाल ही नहीं खींचता था, उसके गालों पर प्यार भरा चुम्बन भी अंकित कर देता था। उस चुम्बन में बड़ों का प्यार कम, प्रेम की स्वीकृति अधिक रहती थी।

कामिनी का वश चलता तो सम्भवतः वह अपने गालों को स्वयं ही चूम लेती। यह गाल न हुए कोई बला हो गई। यह होंठों से इतनी दूर क्यों होते हैं। और फिर नरेन अंकल सीधे-सीधे होंठों पर ही क्यों नहीं चुम्बन अंकित कर

देते ? वैसे वह तो काफी प्रयत्न करती रहती है कि नरेन अंकल के होंठों के उसके गाल तक पहुँचने से पहले ही वह अपने होंठ आगे कर दे।

नरेन का उपन्यास छपकर आया था—पहला उपन्यास। कामिनी तो यह मानने को तैयार ही नहीं थी कि यह उपन्यास नरने का लिखा है। उसके अनुसार तो उपन्यास उसका अपना है...नरेन अंकल उसके अपने हैं...उनका उपन्यास उसका अपना है...उनकी हर वस्तु पर उसका पूरा अधिकार है। उपन्यास हाथ में लेकर, झूम रही थी कामिनी। अपनी माँ, पिता, सहेलियों सबको इठला-इठला कर दिखा रही थी उपन्यास। उपन्यास की नायिका भी नायक की प्रेमिका को अपनी छोटी बहन मानकर अपने परिवार का हिस्सा मान लेती है। ...''क्या-क्या ...शुभांगी आंटी भी मुझे अपने घर का एक हिस्सा बना लेंगी ? क्या मैं भी नरेन अंकल के जीवन का एक महत्वपूर्ण हिस्सा बन पाऊँगी ?''

उपन्यास को तकिये के नीचे रखकर ही सोती थी कामिनी। एक क्षण के लिए भी उपन्यास को अपने से अलग नहीं होने देती थी। नरेन अंकल ने कितने प्यार से उपन्यास के पहले पन्ने पर लिखा था, 'उपन्यास की यह पहली प्रति हमारी अपनी कामिनी के लिए।—नरेन।' कामिनी...नरेन...नरेन...कामिनी...उफ़!

और फिर दिल्ली की एक साहित्यिक संस्था ने नरेन के उपन्यास पर एक पुरस्कार घोषित कर दिया था। पाँच हज़ार रुपये। कामिनी के लिए तो पुरस्कार भी उसका अपना ही था। आख़िर वह स्वयं भी तो 'हमारी कामिनी' ही थी। फिर उपन्यास में प्रेमिका का नाम भी तो कामाक्षी ही था। कामाक्षी या कामिनी—दोनों एक ही तो हैं। और फिर शुभदा और शुभांगी! नरेन अंकल ने यह उपन्यास, अवश्य ही उस पर अपना प्यार जताने के लिए, लिखा है। तो क्या नरेन अंकल भी उसी तरह जीवन में उलझे हुए हैं जैसे कि उपन्यास में 'महेश' ?

उपन्यास की खुशी ने शुभांगी आंटी को भी तो मोटा कर दिया है। पेट कैसे फूला जा रहा है। आजकल आंटी की खुसर-पुसर ममी के साथ अधिक ही होने लगी है। कामिनी ने तो कह भी दिया था आंटी को, ''आंटी अगर आप ऐसे ही मोटी होती रहीं तो एक दिन फट की आवाज़ से फट जायेंगी। ज़रा अपना ध्यान रखा करें।'' माँ ने झिड़क भी दिया था कामिनी को।

''माँ आंटी कोई मेरी आंटी थोड़े ही न हैं। वे तो मेरी सहेली हैं। उनसे तो में कुछ भी पूछ सकती हूँ। ...क्यों आंटी...मैं आपकी फ्रेंड हूँ ना ?''

शुभांगी हमेशा की तरह बस मुस्कुरा भर दी थी। उसने एक हल्की-सी चपत बस लगा दी थी कामिनी को। फिर माँ से ही पता चला था कि शुभांगी आंटी माँ बननेवाली हैं। कितना मज़ा आयेगा। एक छोटा-सा बच्चा घर में होगा।

...एक छोटे नरेन अंकल।

इसीलिए शुभांगी आंटी पिछले हफ्ते एयरलाइन के फंक्शन में भी नहीं जा पाई थीं। उनकी तबीयत काफ़ी ख़राब थी उस दिन। अब नरेन अंकल को तो इस साल पुरस्कार पर पुरस्कार ही मिलते जा रहे हैं। पिछले सप्ताह एयरलाइन के फंक्शन में उन्हें सर्वश्रेष्ठ विमान परिचारक का पुरस्कार मिला था। ...नरेन अंकल...सर्वश्रेष्ठ ! सोचकर कितना मज़ा आता है।

उस दिन नरेन अंकल ने थ्री पीस सूट और टाई लगाई थी। एकदम राजकुमार लग रहे थे नरेन अंकल। अन्यथा तो यूनिफ़ार्म के अतिरिक्त नरेन अंकल बस जीन्स और टी-शर्ट ही पहने रहते हैं। हल्के नीले रंग की कमीज़, नीला सूट और लाखे रंग की टाई ! नरेन अंकल का गोरा रंग और काली मूँछें, सब कुछ मिलकर गजब ढा रहा था। कामिनी भी ज़िद कर बैठी थी कि अगर आंटी फंक्शन में नहीं जा रहीं तो वह ज़रूर जायेगी। कोई तो अपना हो ताली बजानेवाला जब नरेन अंकल को पुरस्कार मिले। अब तो उसे शुभांगी के कपड़े भी पूरे आने लगे थे। शुभांगी की साड़ी पहनकर नरेन के साथ गई थी कामिनी। वहाँ फंक्शन में कई लोगों ने उसे नरेन की पत्नी भी समझ लिया था।

नरेन को पुरस्कार मिला तो ज़ोर-ज़ोर से तालियाँ बजाईं कामिनी ने। वापसी में अँधेरा हो गया था। टैक्सी में बैठने के बाद उसने बहुत प्यार से नरेन अंकल के गाल पर चुम्बन अंकित करते हुए एक ही शब्द कहा था, ''बधाई !''

नरेन ने उसे अपने करीब सटा लिया था। दोनों एक-दूसरे की साँसें साफ़ सुन सकते थे। नरेन ने आहिस्ता से कामिनी का मुँह ऊपर उठाया और अपने होंठ उसके होंठों पर रख दिये। कामिनी का शरीर एक झटके के साथ मचल गया। आज उसे मुँह परे करने की कोई जल्दी नहीं थी।

आंटी तो डिलीवरी के लिए दिल्ली जा ही रही हैं। पुरस्कार समारोह में भी वे अंकल के साथ रहेंगी। ...कामिनी स्वयं क्यों नहीं जा सकती नरेन के साथ। ...अब तो कई लोग उसे ही मिसेज़ नरेन समझने लगे हैं। ...कितना महत्वपूर्ण है यह अधिकार! शुभांगी आंटी जब भी चाहें नरेन अंकल के साथ कभी भी जा सकती हैं। अब की बार तो आंटी दिल्ली में ही रह जाने वाली हैं...नरेन अंकल अकेले ही बम्बई वापिस आने वाले हैं।

''नरेन अंकल अकेले !'' यह विचार ही कामिनी को रोमांचित किए जा रहा था। ''तब नरेन अंकल और मेरे बीच कोई और नहीं होगा।'' शुभांगी आंटी कह भी रही थीं, ''कामिनी मेरे पीछे, अपने नरेन अंकल का ख़्याल रखना। ...बेचारे भूखे न भटकते रहें।'' ...''नहीं आंटी...कभी नहीं! नरेन अंकल किसी भी चीज़ के लिए भूखे नहीं रहेंगे। ...भला मेरे होते वे कैसे भूखे रह सकते हैं।''

किन्तु यह क्या ? नरेन अंकल पुरस्कार लेकर आये भी और उसी रात फ़्लाइट पर उड़ लिये। "भला यह भी कोई बात हुई ? ...न मिले, न पुरस्कार दिखाया, न कोई बातचीत। बस रात को घर आये और उन्हीं पैरों चल भी दिये। यह तक नहीं बताया कब वापिस लौटेंगे। आने तो दो...बात तक नहीं करूँगी। ...आंटी कहती थीं...ख़्याल रखना। ...अरे क्या ख़ाक ख़्याल रखें...कोई सामने हो तो उसका ख़्याल भी रखें पर...पर...'एक ख़्याल' का ख़्याल कैसे रखा जाये। ...यह भी तो नहीं बताकर गये कि कौन-सी फ़्लाइट पर गये हैं। ...कब लौटेंगे। ...कुछ भी तो मालूम नहीं...वाचमैन से भी पूछा कि कुछ बोलकर गये क्या ...वह भी ऊदबिलाव की तरह गरदन उचकाकर रह गया।"

सोचती रह गई कामिनी। "कैसा रहा होगा समारोह। वहाँ भारतीय विद्या भवन में कितने बड़े-बड़े साहित्यकार इकट्ठे हुए होंगे। कितनी तारीफ़ें हुई होंगी नरेन अंकल की। कोई-न-कोई बेवकूफ़ तो ऐसा भी होगा जिसने उपन्यास की बुराई भी की होगी। ..अंकल से पूछा तो अवश्य होगा कि लेखन में उनकी प्रेरणा कौन है। अंकल ने क्या उत्तर दिया होगा ? ...क्या आंटी का नाम लिया होगा? आंटी तो वहाँ बैठी भी होंगी। उन्हें कैसा लग रहा होगा। ? अंकल ने अवश्य ही मुझे भी याद किया होगा। पर मेरे बारे में कुछ कह तो नहीं ही पाये होंगे। मैं तो उनकी मजबूरी समझती हूँ। ...यदि अंकल का बस चले तो वे हर जगह डंके की चोट पर कहेंगे कि उनकी प्रेरणा कामिनी ही है। ...अपनी प्रशंसा सुन-सुनकर तो नरेन अंकल की आँखें ही भर आई होंगी।"

कामिनी की प्रतीक्षा की घड़ियाँ भी समाप्त हो गईं। नरेन उड़ान से वापिस आ गया। गुस्से में भरी बैठी थी कामिनी। चाह रही थी कि नरेन अंकल आकर उसे मनायें, उससे माफ़ी माँगें कि उसे मिले बिना ही उड़ान पर चले गये। परन्तु मन तो मान नहीं रहा था। चाह रहा था कि जल्दी से जाकर नरेन को मिल आऊँ। उहापोह में ही शाम के चार बज गये। माँ ने स्वयं ही कामिनी को उस संघर्ष से उबार लिया, "जा बेटी, देख तो, नरेन उठा कि नहीं। ...अगर उसे चाय-नाश्ता चाहिए तो यहीं बुला ले। ...बोल देना, रात का खाना यहीं खायेगा।"

धड़कते दिल से उसने नरेन के घर की घंटी बजाई। कामिनी को नरेन के घर की घंटी की आवाज़ बहुत पसन्द थी। हर बार घंटी बजाने पर एक अलग नर्सरी राइम की धुन बजती थी। पर आज तो कुछ भी नहीं हुआ। कोई आवाज़ ही नहीं हुई। उसने दो-तीन बार घंटी का बटन दबाया। कुछ हुआ ही नहीं। दरवाज़े पर थाप दी। अन्दर थोड़ी हलचल सुनाई दी। नरेन ने ही दरवाज़ा खोला, "आओ कामिनी क्या हाल है भाई, कहो कैसी रही ? अभी-अभी तुम्हें ही याद कर रहा था।" सिर के बाल अभी गीले थे। शायद नहाकर आया था नरेन।

कामिनी का मुँह वैसे ही फूला रहा, ''ममी ने चाय के लिए बुलाया है और कह रही हैं कि रात का खाना भी घर पर ही खाइयेगा।''

''चाय तो पी ही रहा हूँ। अभी नहाकर निकला था सो एक कप चाय खुद ही बना ली। तुम अन्दर तो आओ।''

''हमें अन्दर भी नहीं आना है और आपका ईनाम भी नहीं देखना है।'' कामिनी ने अन्दर आते हुए कहा।

''अरे हाँ'', नरेन ने अल्मारी में से एक शाल, पाँच हज़ार का ड्राफ्ट और एक शील्ड निकालते हुए कहा, ''यह लो अपना ईनाम। हमने तुम्हें दिल्ली के फंक्शन में बहुत याद किया।''

''ठेंगा याद किया'', मन-ही-मन कामिनी बल्लियों उछल रही थी।

''तुम भी लोगी चाय, बनाऊँ तुम्हारे लिए भी।'' नरेन ने चाय की चुस्की भरी।

''हम आपके हाथ की चाय नहीं पियेंगे, हम आपसे बहुत नाराज़ हैं।'' कामिनी शील्ड और शाल देख रही थी।

चाय के प्याले को पास की तिपाई पर रखकर नरेन उसके करीब आ गया, ''नाराज़ हो मुझसे...सच ! हम मना लेंगे अपनी कामिनी को।'' नरेन ने उसे अपनी बाँहों के घेरे में लेकर सीधे उसकी आँखों में झाँकते हुए पूछा। इस समय कामिनी उसके लिए बीस वर्षीय युवती मात्र थी।

नरेन को अपने इतने नज़दीक पाकर कामिनी किंकर्तव्यविमढ़-सी हो गई। अपने सपनों के राजकुमार को सम्पूर्ण रूप से पाने की एक निर्लज्ज कामना उसके भीतर जाग उठी। उत्तेजना के कारण उसे अपनी धड़कन कानों में बजती सुनाई दी। नरेन ने उसे ज़ोर से भींच लिया था और कामिनी ने स्वयं को भावना के उस प्रवाह में पूरी तरह बह जाने दिया। उसके लिए वह अनुभव अलौकिक था।

तूफ़ान का आवेग थम गया। नरेन ने कामिनी को बाथरूम में भेज दिया। थोड़ी देर में कामिनी तैयार होकर बाहर आ गई। उसकी आँखों में हज़ारों, लाखों सितारों की चमक थी। कहीं कोई पाप या ग्लानि की भावना उसके आस-पास भी नहीं थी।

कामिनी तो अपने जीवन की श्रेष्ठतम उपलब्धि पाकर चली गई। नरेन ने बन्द होते दरवाज़े को देखा, मुस्कुराया और उसके होंठ सीटी बजाने के लिए गोल से हो गये। वह भी बाथरूम में जाकर साफ़ हो आया। सीटी बजाते-बजाते ही उसने अपने सूटकेस में से एक डायरी निकाल ली। डायरी के पन्ने उलटता वह एक जगह रुका। वहाँ उस पृष्ठ पर ऊपर से नीचे एक-एक लाइन में लिखा था—पंजाब, सिंध, गुजरात, मराठा, द्राविड़, उत्कल, बंग, विन्ध्य, हिमाचल...।

पंजाब के सामने तीन लकीरें लगी थीं, सिंध के समने एक, गुजरात और मराठा के सामने दो-दो लकीरें थीं, द्राविड़ के सामने एक ही लकीर थी। किसी-किसी लकीर के साथ कोष्ठक में अंग्रेजी का अक्षर 'वी' लिखा था। हिमाचल के सामने जगह खाली थी।

नरेन ने अपना पेन उठाया। हिमाचल के सामने एक लकीर लगाई और कोष्ठक में अंग्रेज़ी का अक्षर 'वी' लिख दिया।

किराये का नरक

हाँ, मैं जा रहा हूँ। आज के बाद मेरा वजूद, सदा के लिए, तृप्ति के जीवन से अलग हो जायेगा।

मेरा शरीर तो स्वयं ही मेरा साथ छोड़ने के लिए तैयार हो गया है। ...कहाँ जा रहा हूँ ? ...मालूम नहीं। कहीं ना कहीं तो पहुँच ही जाऊँगा। मैं तो यह भी नहीं सोच सकता कि पीछे से तृप्ति आवाज़ देकर मुझे वापिस बुला लेगी। उससे भी कहीं अधिक तो अपनी गब्दु के पास लौट जाना चाहता हूँ! अपनी बेटी की याद तो बहुत सतायेगी। तृप्ति ने तो अपनी यादों को इतना कसैला और कड़वा बना दिया है कि उसे याद ही नहीं कर पाऊँगा।

कहाँ जाऊँगा ? ...तृप्ति से मिलने के बाद तो मेरी सभी राहें मेरे अपने लिए ही अजनबी हो गई थीं। वो सब लोग जो कभी मेरे जीवन का अटूट हिस्सा थे, तृप्ति से मिलने के पश्चात् एक-एक करके मेरे जीवन से टूटकर अलग होते गये। कई बार तो अपनी माँ तक का चेहरा याद करना पड़ता है।

हाँ, यह भी सच है कि तृप्ति को पाकर मुझे लगा था कि मैं सम्भवतः विश्व का सबसे भाग्यवान इंसान हूँ। उसके मखमल जैसे बदन को छूने से मुझे डर लगता था। मेरे कठोर हाथों से कहीं उसके फूल-से कोमल शरीर को चोट ना लग जाये। वास्तव में यह विश्वास कर पाना ही बहुत कठिन है कि तृप्ति जैसी अमीर पिता की रुई के फाये-सी कोमल लड़की, मेरे जैसे सीधे-सादे मध्यवर्गीय मनुष्य से प्यार कर सकती है। ...ऑटो रिक्शा में भी यही लिखा है, 'जीवन प्यार का दूसरा नाम है।' यहाँ...रिक्शा में...गाना भी वही बज रहा है, 'प्यार पर बस तो नहीं है मेरा, लेकिन फिर भी, तू बता दे कि तुझे प्यार करूँ या ना करूँ?'

हाँ, तृप्ति ने तो मुझे यह पूछने का मौका भी नहीं दिया था—केवल अपना हक जता दिया था मुझ पर। मैं तो अपनी आँखों में एक उज्ज्वल भविष्य के

सपने सँजोये अपने जीवन की लड़ाई लड़ने में व्यस्त था। साथ ही बोरीवली के गरीब कुलियों की लड़ाई भी मेरी ही लड़ाई बनती जा रही थी। उनकी समस्याएँ जैसे सब मेरी अपनी समस्याएँ बनती जा रही थीं। ऐसे में तृप्ति कहाँ से आ गई मेरे जीवन में।

खार जिमखाना पहुँच गया हूँ। इस जगह की यादें भी तो मेरे जीवन का अभिन्न अंग बन चुकी हैं। हमारे विवाह के बाद की कितनी ही शामें यहाँ बीती थीं। ...तृप्ति भी तो लगभग हर क्लब की सदस्य है...जूहू, खार, बान्दरा। ...और मैं बोरीवली पूर्व की 'वन-रूम-किचन' हाउसिंग बोर्ड कॉलोनी का बाशिन्दा। ...पहले कुछ महीने तो एक स्वप्न की तरह निकल गये। उन महीनों का एक-एक क्षण मेरे दिलोदिमाग़ पर छपा हुआ है। ...फिर एकाएक क्या हो गया ? तृप्ति का व्यवहार रूखा क्यों हो गया ? खार जिमखाना की रंगीन शामें मेरे लिए अकेली क्यों हो गईं ?

जब पहली बार तृप्ति के संगमरमरी बदन को छुआ था तो मेरे पूरे शरीर में जैसे करंट की लहरें चलने लगी थीं। उसके बदन की महक ने मुझे दीवाना बना दिया था। मैं...कुलियों और मज़दूरों के पसीने की महक में रहनेवाला इंसान ...निम्न मध्यवर्गीय पहुँच के भीतर रहनेवाला आदमी–जैसे एकाएक कोई परी मेरे हाथ लग गई थी। ...लोग अवश्य हमारी जोड़ी पर फ़िकरे कसते होंगे। पर मैं स्वयं तो तृप्ति के पास चलकर नहीं आया था।

किन्तु बान्दरा स्टेशन आ गया है। मैंने ऑटो रिक्शा छोड़ दिया है। अब सोच यही है कि यहाँ से बम्बई सेंट्रल टैक्सी से जाऊँ या ट्रेन ले लूँ। तृप्ति को मिलने से पहले तो मैं सदा गाड़ी में ही सफ़र करता रहा हूँ। ...बोरीवली चर्चगेट लोकल ! वैसे तो पिछले छः महीने से फिर लोकल का मुसाफ़िर बना हुआ हूँ। परन्तु आज कुछ तबियत ठीक नहीं लग रही। ...तबियत तो कल गब्दु की भी ठीक नहीं थी। ...उसे प्यार करने के लिए कदम आगे भी बढ़ाये थे...पर जैसे किसी अदृश्य ताकत ने मुझे पीछे खींच लिया था...मेरी हालत की इन्तहा तो देखो, सामने बेटी है लेकिन प्यार कर सकता नहीं। हालात ही कुछ ऐसे हो गये हैं। कौन ज़िम्मेदार है इस सबका ? ...तृप्ति, हालात या मैं स्वयं ? इसका उत्तर तो स्वयं तृप्ति को ही खोजना होगा।

बान्दरा स्टेशन के बाहर ही दो कोढ़ी भीख माँग रहे हैं। ...कहीं मुझे उनमें अपना भविष्य तो नहीं दिखाई दे रहा है। उन पर तो दया करके लोग भीख भी दे रहे हैं...परन्तु, क्या मुझ पर कोई दया करेगा। ...मेरी तो छाया तक से लोग डरेंगे। ...वैसे तो मुझे भी अपनी बीमारी से डरना चाहिए। परन्तु मैंने तो यह बीमारी स्वयं ही मोल ली है। ...तो फिर अपनी ही खरीदी हुई चीज़ से

क्या डरना।

डर भी तो एक विचित्र वस्तु है। दो प्यार करनेवाले दिल हमेशा डरे-डरे ही रहते हैं। अपने प्रेम को खो देने का डर दिलों में समाया रहता है। किसी भी बच्चे के दिल में अपने खिलौने को खो जाने का डर रहता है। सम्भवतः तृप्ति के दिल में कुछ ऐसा ही डर रहा होगा।

एक बात का मुझे सदा ही मलाल रहेगा। तृप्ति को कभी पता नहीं चलेगा कि मैंने इस जानलेवा बीमारी को क्यों गले लगाया। और मुझे यह बीमारी लगने के बावजूद भी वह इससे कैसे बच पाई। उसने तो मेरे बारे में सोचना भी बन्द कर रखा है। भला उसे यह सब बातें सोचने का अवसर ही कहाँ मिलेगा। मैं कहाँ हूँ, कैसा हूँ, कहाँ जाऊँगा, कैसे जाऊँगा, कैसे रहूँगा—यह सब विषय अब उसकी सोच के दायरे में कहाँ आयेंगे। उसके नज़दीक तो जीवन का अर्थ केवल सीमेण्ट, ईंट और गारा ही है। ...आखिर इतने बड़े बिल्डर की बेटी है। उसके पिता तो दुनिया जहान के लिए घर बनाते फिरते हैं। तृप्ति तो स्वयं अपना घर ही नहीं बसा सकी। ज़िन्दगी के फ़ैसले करने में हमेशा उसने बचपने से ही काम लिया है।

परन्तु मुझे तो कोई ना कोई फ़ैसला करना ही पड़ेगा। एक मन तो होता है कि यहाँ से बम्बई सेण्ट्रल तक पैदल चलना शुरू कर दूँ। और अगर रास्ते में ही कहीं गिरकर दम टूट जाये...तो...मेरे लिए अच्छा ही रहेगा। तृप्ति से सम्बन्ध जोड़ने का यही तो ईनाम मिलना चाहिए मुझे। एक लावारिस लाश की परिणति—मेरे जीवन का अंतिम सत्य! ...फिर सोचता हूँ, इससे तो तृप्ति की बदनामी होगी। लोग जब एक आवारा लावारिस लाश के साथ उसका और उसके पिता का नाम जोड़ेंगे, तो उसकी कितनी जगहँसाई होगी। ...यही तो मेरी समस्या है—मैं आज भी तृप्ति से इतनी नफ़रत नहीं कर पाया कि उसकी जगहँसाई का कारण बन सकूँ।

जानता हूँ, तृप्ति यह भी कह सकती है कि कितनी बार मेरे कारण उसके सर्कल में उसकी हँसी उड़ाई गई है। ...और यह भी सच है कि मैं उसे आज तक नहीं समझा पाया कि यह सर्कल कभी भी मेरे जीवन का हिस्सा नहीं था। मैंने हमेशा यही प्रयत्न किया कि मैं अपनी मध्यवर्ग की मानसिकता को लाँघकर तृप्ति के उच्च वर्ग में अपने आप को खपा पाऊँ। पर क्या अपनी परवरिश, अपने संस्कारों को भुला पाना इतना ही आसान है। तृप्ति के लिए कितना आसान है किसी भी पाँच सितारा होटल में बाल कटवाना। जितना वह अपने नाई को—'सारी'—अपने हेयर ड्रेसर को टिप देती है, उससे चौथे दामों में तो अपने बाल कटवा लेता था।

इन दो सभ्यताओं को एक करने का बीड़ा भी तो तृप्ति ने स्वयं ही उठाया था। कॉलेज में उसने मुझे कब पसन्द कर लिया, मुझे तो पता ही नहीं चला। मैं तो वहाँ भी विद्यार्थियों के हक की लड़ाई लड़ता रहता था। पढ़ना मेरे लिए मजबूरी ही कहा जायेगा। मेरे जैसे लोगो की तो पूरी जमा पूँजी उनकी डिग्री ही होती है।

हाँ ! शायद क्रिकेट मैच में ही उसने मुझे पसन्द कर लिया होगा। शतक बनाया था उस मैच में। या फिर हो सकता है...वाद-विवाद प्रतियोगिता में उसे भा गया होऊँ। या जब कॉलेज में हड़ताल के दिन भाषण दे रहा था उस दिन। कॉलेज में मेरे से एक साल ही तो पीछे थी शायद। ...परन्तु कॉलेज में उसने कभी मुझसे बात भी नहीं की। मेरे पास तो लड़कियों को देख पाने तक का समय नहीं होता था। कैसे एकतरफ़ा चाह पाल रखी होगी तृप्ति ने ? ...मुझे कभी पता ही नहीं चलने दिया कि मुझे प्यार करती है। ...अपने पिता को कैसे मनाया होगा उसने ? ...क़रोड़ोंपति बिल्डर की इकलौती संतान ने एक ग़रीब परिवार के लड़के से विवाह कर लिया।

मुझ पर तो अपने प्यार का इज़हार तक तृप्ति ने स्वयं नहीं किया था। उसके पिता अहूजा साहिब का संदेश देने भी उनका ड्राइवर ही आया था। बोरीवली (पूर्व) की एक रूम किचन की हाउसिंग बोर्ड कॉलोनी में से उसने मुझे ढूँढ़ ही निकाला था। वह ड्राइवर तो अपनी ही बिरादरी का था। नहीं तो उसे तो हमारी कॉलोनी में पहुँचने से पहले ही नाक पर रूमाल रखना पड़ता।

मेरे सभी दोस्त मज़ाक-मज़ाक में कहा करते थे कि मैं तो अपने घर का सदस्य लगता ही नहीं। माता-पिता का कद छोटा और रंग साँवला है। बहन का रंग भी पक्का है। मैं कैसे गोरा-चिट्टा छः फुट का जवान निकल आया?

तृप्ति भी, विवाह के पश्चात् पहले कुछ महीने तो दत्तक पुत्र ही कहती थी। कितना तृप्त होता था मेरा मन उसकी यह बात सुनकर। परन्तु कुछ ही महीनों तक चला था यह लाड़। फिर उसका मन मुझसे ऊब गया था, शायद। खिलौना पुराना हो चला था। फिर उसके बाद तो एक ही वाक्य सुनने को मिलता था, "आखिर हो तो उसी घर के ना। खून तो वही है ना। अगर शरीफ़ ख़ानदान के होते तो सारी उमर मेरी पूजा करते। मुझे क्या मिला तुम लोगों से...ज़िल्लत, बेइज़्ज़ती, और जगहँसाई। तुम तो मेरी गाड़ी के ड्राइवर बनने के भी काबिल नहीं।"

गाड़ी आकर प्लेटफ़ार्म पर रुक गई है। इस समय अधिक भरी हुई भी नहीं है। आराम से चढ़ जाऊँगा। गाड़ी अगर भरी होती तो शायद मेरी आत्मा मुझे गाड़ी में चढ़ने भी नहीं देती। इस बीमारी के साथ मैं लोगों से सटकर खड़ा होने

की बात भला सोच भी कैसे सकता हूँ। ...प्रतिदिन, ना जाने कितने लाखों लोग इन गाड़ियों में सफ़र करते हैं। सभी एक-दूसरे के साथ सटकर खड़े रहते हैं। किसी को क्या मालूम होता होगा कि उसके साथ खड़े व्यक्ति को क्या बीमारी है।

मेरी बीमारी का तो इतिहास ही विचित्र है। संवेदनशील होने का खमियाज़ा भुगत रहा हूँ। और...सच भी तो है। विवाह के बाद के कुछ महीने तो जैसे हवा के झोंके की तरह निकल गये थे। फिर अचानक तृप्ति गर्भवती हो गई थी। यह समाचार सुनकर मैं तो जैसे सातवें आसमान पर उड़ने लगा था। खुशी जैसे मेरे शरीर में रक्त के साथ-साथ संचार करने लगी थी। मेरे ससुर भी समाचार पाकर धन्य लग रहे थे। परन्तु तृप्ति को एकाएक क्या हो गया था ? वह क्यों इस समाचार को सहज रूप से नहीं ले पाई। इतनी प्यारी ख़बर ने उसके रूप को क्यों रौद्र बना दिया।

वह अभी तैयार नहीं थी। इतनी छोटी उमर में माँ नहीं बनना चाहती थी। उसके शरीर, उसकी 'फ़िगर' का क्या होगा ? ...सोसाइटी में उसका मज़ाक उड़ेगा। सब उसे बहन जी मानने लगेंगे। उसे नहीं बनना है बहन जी। अभी तो उसका सुन्दर दिखने का समय है। ...उसे नहीं चाहिए बच्चा। ...मैं तो हकबका गया था। भला एक माँ अपने बच्चे को गिरवाने की बात कैसे सोच सकती है। तृप्ति तो चिल्लाए जा रही थी, "रहोगे तो तुम जाहिल के जाहिल ही। ...फँसा दिया ना मुझे। कितनी बार कहा था कंडोम लगाने के लिए। ...पर नहीं...तुम्हें तो मज़ा चाहिए था ना। ...अब भुगतना तो मुझे पड़ेगा। ...तुम तो ऐश करते रहोगे। ...मैं तो...एबार्शन करवा लूँगी। ...समझे तुम ?"

पहली बार अहूजा साहिब ने अपनी बेटी को डाँट लगाई थी। वो शायद उसे मार भी बैठते। मेरी बदनसीबी का आलम यह था कि अपनी पत्नी को अपने ही होनेवाले बच्चे के बारे में कुछ भी समझा पाने की स्थिति में नहीं था, मैं। ...तृप्ति के पापा चाहे कितने भी अपने थे—हम दोनों के रिश्ते के हिसाब से तो बाहरवाले ही थे। ...मेरे पौरुष पर पहली चोट हुई थी। मुझे इतना ज़ब्त करना पड़ा था कि रक्त जैसे नसों-नाड़ियों में जम-सा गया था। उनके फट जाने का भी डर था। उसी दिन दिल में एक नासूर ने जन्म ले लिया था। ...उसे अन्ततः तो फटना ही था।

अब तृप्ति मेरे हर काम में गल्तियाँ ढूँढ़ने लगी थी। कभी मेरे कपड़ों का रंग अच्छा नहीं था, तो कभी सिलाई ग़लत थी। कभी अंग्रेज़ी ग़लत बोल गया तो कभी बात ही ग़लत कह दी। जब कभी होनेवाले बच्चे के बारे में बात की तो घर में कोहराम मच जाता। कलह से बचने के लिए देर तक आफ़िस में ही

रहन लगा था। अहूजा साहिब भी एक दिन पूछ बैठे थे, ''क्यों बेटा नरेन, आजकल काम बहुत ज्यादा हो रहा है। ...भाई, आजकल तो तुम्हें ज़्यादा से ज़्यादा वक्त तृप्ति के साथ गुज़ारना चाहिए।''

अब उनको क्या कहता। 'जी सर' कहके रह गया। अहूजा साहिब को भी शिकायत है कि मैं उन्हें पापा कहकर नहीं बुलाता। मैं भी क्या करूँ। पहले झिझकवश नहीं बुला पाता था; फिर दहशत ने कभी बोलने ही नहीं दिया।

बोला तो मैं कॉलेज के दिनों में करता था। क्या मजाल थी कि कॉलेज में मेरे सामने कोई जुबान खोल दे। प्रिंसिपल से लेकर चपरासी तक, सभी आदर करते थे मेरा। जब गावस्कर ने मेरी बैटिंग की तारीफ़ की थी तो लगता था कि एक दिन मैं भी टेस्ट क्रिकेट खेलूँगा। यहाँ तो ज़िन्दगी के टेस्ट में 'क्लीन बोल्ड' हो गया हूँ।

गाड़ी दादर पार कर चुकी है। एलफ़िंस्टन रोड, लोअर परेल, महालक्ष्मी और बाम्बे सेण्ट्रल। बस मेरे जीवन का नया सफ़र शुरू होनेवाला है। एक ऐसा सफ़र जिसका अन्त मैं पहले से ही जानता हूँ। बम्बई सेण्ट्रल से ही अपने हनीमून पर भी गया था। ...तृप्ति को हवाई यात्रा से डर लगता है। जीवन में पहली बार प्रथम श्रेणी वातानुकूलित 'कूपे' अन्दर से देखा था। मैं और तृप्ति सारी रात एक ही बर्थ पर एक-दूसरे की बाँहों में समाये रहे।

पर मेरी बेटी की 'बर्थ' पर तो हंगामा हो गया था। अस्पताल में 'लेबर रूम' से तृप्ति की चीख़ों की आवाज़ें सुनाई दे रही थीं और साथ ही मेरे लिए गालियाँ। ...''यू बास्टर्ड, ...हाय ! ...मर गई माँ...सन ऑफ़ ए बिच...तुमने मुझे मार दिया...ओ...माँ...'' और इन्हीं गालियों के बीच मेरी गोल-मटोल बेटी ने जन्म लिया था। उसके कानों में शायद पहला शब्द 'बास्टर्ड' ही पड़ा था।

जब डाक्टर ने बाहर आकर कहा कि बेटी हुई है और मैं अन्दर जाकर उसे देख सकता हूँ, तो अचानक मेरी निगाह अपनी माँ और बहन पर पड़ी थी। उनके चेहरे से भाँप नहीं पा रहा था कि उन्होंने गालियाँ सुनीं...नहीं सुनीं या निगल लीं। अहूजा साहिब के चेहरे से शर्मिन्दगी साफ़ गिरती दिखाई दे रही थी। उन्होंने मेरी हथेली को अपने हाथों में दबाया था, ''डोण्ट वरी बेटा, सब ठीक हो जायेगा।''

ससुर जी के आशावाद ने थोड़ी हिम्मत मुझे भी दी। मैं कमरे में दाखिल हुआ। बिटिया का रंग तो एकदम अपनी माँ की तरह संगमरमरी था। माँ ने उसे देखते ही एलान कर दिया, ''बिटिया के नैन-नक्श तो पूरे नरेन पर गये हैं। बचपन में नरेन हूबहू ऐसा ही दिखता था।''

बस ! इतना सुनना था कि तृप्ति की नज़रों में कड़वाहट भर गई थी। भला हमारी बच्ची का कुछ भी मेरे साथ मिलता हो यह तृप्ति कैसे बरदाश्त कर लेती।

पर सम्भवतः बच्ची पैदा करके तृप्ति शारीरिक रूप से थक चुकी थी...या...शायद अभी भी कहीं कुछ बाकी था जिसने तृप्ति को कुछ बोलने नहीं दिया। ...ससुर जी को बच्ची के चेहरे में ना मालूम क्या दिखाई दिया कि बच्ची का नाम गब्दु हो गया।

माँ ने पंजीरी और गुड़जीरा जैसा कुछ बनाकर दिया था। घी से भरी चीज़ें खाकर तो तृप्ति को मोटा होने का डर था। इसलिए यह सब बेकार वस्तुएँ यूँ ही पड़ी रहीं। तृप्ति केवल अपने तरीके से ही चलती रही और मैं बस देखता रहा।

तृप्ति में एक ख़ास बात तो है। वह जब भी अपने पक्ष की बात सामने रखती है तो सामने वाला निरुत्तर हो ही जाता है। फिर चाहे तृप्ति की बात कितनी भी ग़लत क्यों ना हो, उसे पेश करने का ढंग इतना तर्कपूर्ण होता था कि उसकी बात माननी ही पड़ती थी। ऐसा भी बहुत बार हुआ कि मुझे तृप्ति की कोई बात बुरी लगी और मैंने उस पर गुस्सा किया। परन्तु कुछ ही क्षणों बाद तृप्ति के चेहरे पर विजयी मुस्कान होती, क्योंकि वह मुझे ग़लत साबित कर चुकी होती। और वह अपनी व्यंग्यात्मक मुस्कान बिखेरते हुए कहती, ‘‘मैं यह सुनते-सुनते तंग आ चुकी हूँ कि मैं ही ठीक थी। अगर मैं ही ठीक थी तो हमारे बीच यह रोज़-रोज़ की लड़ाई क्यों होती रहती है। ...आई विश, कि तुम कभी तो मुझे यह मौका भी दो कि मैं कह सकूँ—यूवर राईट नरेन!’’ और मेरा मुँह फिर लटक जाता।

तृप्ति ‘लॉजिक’ में इतना विश्वास करती थी कि बड़ों का लिहाज़ जैसी चीज़ उसमें नहीं समा पाती थी। उसका ‘लॉजिक’ कहता है कि बड़ों का आदर इसलिए नहीं किया जा सकता क्योंकि वे बड़े हैं। हाँ यदि वे आदर करवानेवाले काम करेंगे तो इज़्ज़त भी हो जायेगी। ...वरना बैठें अपने घर।

इतने लड़ाई-झगड़े के बावजूद, तृप्ति मेरे बारे में खासी ‘पुज़ेसिव’ है। कभी कोई दूसरी औरत मुझसे बात भी कर लेती तो तृप्ति सैकड़ों सवाल पूछने लगती, ‘‘वोह कौन थी ? ...उसे कब से जानते हो...? उसे क्या काम था ? ...’’ हर बार उसकी पूछताछ एक ही वाक्य पर रुकती थी, ‘‘याद रखना, मैं तुम्हें किसी के साथ शेयर नहीं करूँगी। ...तुम मेरे हो, सिर्फ मेरे। ...कहीं कोई गड़बड़ की तो मुझसे बुरा कोई ना होगा।’’

काश ! तृप्ति बुरा होने के बजाय थोड़ा अच्छा होने के बारे में सोचती। यदि तृप्ति बुरी ही बनी रही तो जीवन की गाड़ी कैसे खिंचेगी।

बम्बई सेण्ट्रल पर लोकल गाड़ी रुक गई है। अब मुझे मेन स्टेशन की ओर चलना है। इस समय भी पुल पर यात्रियों की भाग-दौड़ जारी है। मैं तो इतना

चलने में ही थकता जा रहा हूँ। यह बीमारी का असर है या बीमारी की जानकारी ने ही मुझे ऐसा बना दिया है।

जानकारी तो मनुष्य का जीवन ही बदलकर रख देती है। और यदि जानकारी ग़लत हो और इंसान उसे सच मान ले तो जीवन नरक ही बन जायेगा। और जीवन तो नरक बन ही गया था। तृप्ति के पास मेरी गब्दु के लिए वक्त ही नहीं होता था। कभी ऑफ़िस, तो कभी क्लब, कभी ब्यूटी पार्लर तो कभी कोई फंक्शन। इस सारे शेड्यूल में गब्दु बेचारी आया के सहारे।

गब्दु शरारती भी तो होती जा रही थी। उसने पहला शब्द पापा ही बोला। उसका कमज़ोर पापा जब भी उसके पास होता, गब्दु बहुत खुश दिखाई देती। ज़िद भी माँ की तरह करने लगी थी। ...''दादी के घर जाऊँगी।'' ...मन में कहीं एक प्रसन्नता की लहर-सी दौड़ गई। ...चलो, मेरी बच्ची को तो मेरी माँ की चिन्ता है। चल पड़ा उसे लेकर। बोरीवली की उस कॉलोनी में जैसे चाँद उतर आया हो। माँ की सभी पड़ोसनें जैसे उस मखमल-सी कोमल संगमरमरी काया को देखने आ गई थीं। ...किन्तु माँ की आँखों में कहीं एक दर्द था। तृप्ति के ना आने से माँ अतृप्त रह गई थीं।

''तुम मेरी बेटी को उस गन्दे, सड़े, बीमार वातावरण में ले कैसे गये? वहाँ से पचास तरह के इन्फेक्शन कैच करके आई होगी।''

''तृप्ति, वहाँ उस गन्दे, सड़े, बीमार वातावरण में भी लोग बसते हैं। कोई वीरान जंगल नहीं है वहाँ।''

''तुम उन रेंगते हुए कीड़ों को इंसान कहते हो ?''

''मैं भी वहीं से आया हूँ, जानू। तुमने भी विवाह के बाद पहला चक्कर वहीं लगाया था। वहाँ मेरी माँ है, बाऊजी हैं, मेरी बहन है। वो सब तुम्हारे भी कुछ लगते हैं।''

''मुझे तो शक है कि तुम भी मेरे कुछ लगते हो या नहीं। अगर आज के बाद तुम मेरी बेटी को वहाँ ले गये तो मुझसे बुरा कोई ना होगा।''

फिर बुराई। तृप्ति सदा बुराई के बारे में ही क्यों सोचती है। क्या बुरा होना भी कोई अच्छी बात है।

गाड़ी ने सीटी बजा दी है। अभी कुछ ही क्षणों में चल पड़ेगी। अच्छाई और बुराई को पीछे छोड़ती, पटरियों को रौंदती हुई, बेख़बर। अभी तो यह भी ख़बर नहीं, कहाँ उतरूँगा। टिकट तो हरिद्वार तक का बनवाया है। परन्तु इस बीमार काया को हरि के द्वार तक कैसे ले जाऊँगा ? यह बीमारी भगवान के सामने भी कैसी ज़लालत का अहसास करवायेगी।

यह कदम-कदम पर उठाई ज़लालत ही तो थी जिसने मुझे इतना बड़ा कदम

उठाने पर मजबूर कर दिया। खार जिमखाना में तृप्ति अपने मित्रों, सहेलियों में व्यस्त हो गई थी। मैंने तो कभी शराब चखी ही नहीं थी। नहीं तो मैं भी किसी कोने में शराब का गिलास भरकर दुनिया की ऐसी-तैसी करता रहता। इतने में मिसेज़ बिजलानी बिजलियाँ गिराती हुई मेरी ओर चली आई।

"बाई गाड, नड़ेन्द्र जी, आज तो बहुत जँच रहे हैं।"

"जी।" एक फीकी मुस्कान के साथ मैंने उत्तर दिया।

"आप क्लब में अकेले बैठे-बैठे बोड़ नहीं हो जाते ? कभी-कभी हमाड़े साथ भी थोड़ा टाइम गुजाड़ा कीजिये ना।"

"जी...जी !"

"अड़े, यह क्या जी, जी लगा ड़खी है आपने। कोई बात कड़िये ना।"

"जी !"

और इतने में ही तृप्ति गुस्से में उफ़नती हुई आई थी। मिसेज़ बिजलानी का तो फ़्यूज़ ही उड़ा दिया था उसने। फिर मेरी बारी आई। "मैं पूछती हूँ उस कुतिया से क्या बातें कर रहे थे ? ...उससे क्या लेना-देना है तुम्हें ?"

"अरे तृप्ति, अगर कोई बात करे तो उसे जवाब तो दूँगा ना।"

"हाँ, हाँ, एक तुम्हीं तो दुनिया के सबसे हसीन आदमी रह गये हो कि हर औरत तुमसे बात करने को तड़प रही है। ...जानते हो ना मिसेज़ बिजलानी कैसी औरत है...उसका कैरेक्टर क्या है...अगर ऐसी औरतों से वास्ता रखोगे तो एड्स से मरोगे।"

तृप्ति तो यह कहकर चली गई। परन्तु मेरे दिमाग़ में एक तूफ़ान खड़ा कर गई। वो तो सदा ही कहती है कि उससे बुरा कोई ना होगा। परन्तु आज स्वयं ही मुझे बुरा बनने का तरीका सिखा गई।

एड्स ! जैसे मुझे एक साधन मिल गया था तृप्ति से बदला लेने का। समझती क्या है अपने आप को। इस सुन्दर शरीर पर ही अभिमान है ना इसे ? ...मैं ...इस शरीर को ही ख़त्म कर दूँगा। ...अब मैं अपनी ही ज़िल्लत-बेइज़्ज़ती का बदला लूँगा इस औरत से। ...बदले की भावना ने मेरी सोच को कुंद कर दिया था। मन में बस एक ही निश्चय था...पहले अपने आप को एड्सग्रस्त बनाऊँगा और फिर...हा...हा...हा...तृप्ति, अब मुझसे बुरा कोई ना होगा।

एक सप्ताह तक दफ़्तर नहीं गया। गब्दु तक की परवाह नहीं की। तृप्ति को तो मेरी परवाह थी कहाँ। ससुर जी ने पूछा भी तो टाल गया। एड्स पर जितना साहित्य मिल सकता था, पढ़ डाला। और पहुँच गया कमाठीपुरा—एड्स खरीदने।

ग्रांट रोड स्टेशन से कमाठीपुरा तक पैदल भटकता रहा। बेजान, मरियल,

पाउडर से लिपे-पुते, पान के दागवाले दाँत लिये अपने आपको लड़की कहती कुछ देहें इधर-उधर दिखाई दे रही थीं। ...मेरा मध्यवर्गीय मन तो बैठा जा रहा था। यदि किसी ने यहाँ पहचान लिया तो ? मेरी तो मेरी, ससुर जी और तृप्ति की कितनी बदनामी होगी। ...तृप्ति का नाम ज़ेहन में आते ही मैं और भी बुरा हो गया। एक दलाल ने अपनी लच्छेदार भाषा में मुझे अपने माल का वर्णन सुना दिया। नथ उतराई की बातें।

उसे कौन समझाये, मैं वहाँ नथ उतारने नहीं, उतरी उतराई नथ से कुछ खरीदने आया था।

परन्तु वहाँ की गन्दगी और निर्लज्ज माहौल ने मेरे मन से एड्स का सारा शौक ही उड़न छू कर दिया और मैं वापिस आ गया।

किन्तु बदला तो मुझे लेना ही था। तृप्ति को ऐसा डसना था कि फिर कभी किसी के साथ बुरी ना हो सके। उसके जीवन को अँधेरा कर देना था। हज़ारों बिजलियाँ मिलकर भी उसके जीवन के अँधेरे को ना मिटा सकें।

मिसेज़ बिजलानी ! ...तृप्ति के अनुसार एड्स की कुंजी ! अग्नि के इर्द-गिर्द की गई सभी प्रतिज्ञाओं को होम कर दिया और पहुँच गया मिसेज़ बिजलानी की मंडली में। वह भी तो गुस्से की आग में जल रही थी, "अड़े, वो भी कोई औड़त है। चलो भाई, मैं तो बाहड़ की हूँ, उसने तो आपको भी नहीं छोड़ा। मड़द के साथ कोई ऐसा सलूक कड़ता है भला ?" और मिसेज़ बिजलानी ने ब्लैक लेबल में सोड़ा डालकर मेरे सामने रख दिया।

मिसेज़ बिजलानी के चीयर्स कहने तक तो मैं पूरा गिलास एक ही साँस में गटक गया था। गले से पेट तक जैसे एक आग-सी लग गई थी। मुँह कड़वा हो गया था और पूरे जिस्म में करंट दौड़ गया था। कुछ ही क्षणों में मिसेज़ बिजलानी दुनिया की सबसे हसीन औरत लगने लगी थी। ...और फिर कपड़े उतारकर हम दोनों तृप्ति से बदला ले रहे थे।

उसके बाद तो कई ब्लैक लेबल के गिलास और ना जाने कितनी बिजलानियाँ मेरे बदले में शरीक होती चली गईं। हर सप्ताह अपना खून टेस्ट करवाता था। ...अलग-अलग हस्पताल से करवाता था। ...'निगेटिव' !

समाचार पत्र तो कहते हैं कि एड्सग्रस्त किसी भी साथी के साथ संभोग करते ही एड्स हो जाती है। यहाँ इतनी सारी बिजलानियाँ मिलकर भी मुझे एड्स नहीं दे पाईं। लानत है!

परन्तु मैंने भी हार नहीं मानी। और वह दिन भी आ पहुँचा जब मेरी बिजलानियों ने मेरी खून की रिपोर्ट पर लिखवा दिया—एच.आई.वी. पाज़िटिव। उछल पड़ा मैं। जीवन की इस महान उपलब्धि पर गर्व होने लगा था। आज

मैं पूरी तरह से बुरा बन चुका था। अब तृप्ति बचकर कहाँ जायेगी।

एड्स के रोगियों के कितने ही चित्र मैंने अख़बारों और पत्रिकाओं से काट-काट कर रखे थे। उन सबके चेहरों पर तृप्ति का चेहरा चिपका-चिपका कर देखता था कि एड्स होने के बाद तृप्ति कैसी लगेगी। अब प्रतीक्षा नहीं हो पा रही थी।

कई दिनों के अन्तराल के बाद, आफ़िस के लिए नहा-धोकर तैयार हुआ था। अभी बैग उठाया ही था कि गब्दु अपनी तोतली बोली में मेरी ओर भागती आई। तपाक से उसे उठा लिया और चूमने ही वाला था कि किसी अज्ञात डर ने मेरे शरीर को जकड़ लिया। नहीं...! ...मैं गब्दु को नहीं चूम सकता। अपनी प्यारी-सी बेटी को ऐसी भयानक बीमारी नहीं दे सकता।

बदले की आग ने मुझे यह भी भुला दिया था कि मैं केवल तृप्ति का पति ही नहीं, किसी का पुत्र, भाई और पिता भी हूँ। किन्तु अब क्या हो सकता था। मैं तो बुरा बन ही चुका था। तृप्ति से बदला तो लेना ही था। ...गब्दु अपनी शिकायत करे जा रही थी। कितने दिन से उसे मिला जो नहीं था।

आफ़िस जाने का सारा उत्साह ठण्डा पड़ चुका था। केवल एक ही सोच मस्तिष्क को मथे जा रही थी। मेरी मौत तो निश्चित है। कल को अगर तृप्ति भी मेरे डसने से चल बसी, तो गब्दु किसके सहारे जियेगी।

और मैं एक बार फिर ग़लत सिद्ध हो गया था। यदि आज तृप्ति मेरे सामने होती तो फिर यही कहती, "वाज़ आई नॉट राईट ?" वह तो सदा की तरह एक बार फिर सही सिद्ध हो चुकी थी। उसने तो कहा ही था कि मिसेज़ बिजलानी जैसी औरतों से मेलजोल बढ़ाओगे तो एड्स से मरोगे। बुरी होकर भी तृप्ति कितनी सही होती है।

अब उस घर में मेरा क्या काम था ? मुझे अपनी अच्छी गब्दु और बुरी तृप्ति से बहुत दूर चला जाना था। ...और मैं जा रहा हूँ। ...गाड़ी वापिस दादर, बान्दरा, विले पार्ले, अंधेरी और बोरीवली को पीछे छोड़कर मुझे एक अनजान गंतव्य की ओर ले जा रही है।

तृप्ति को तो यह भी नहीं मालूम कि चाहकर भी मैं बुरा नहीं हो पाया!

श्वेत-श्याम

संगीता की आँख खुली तो उसने पाया कि कमरे में वह अकेली है। श्वेत बिस्तर, श्वेत चादर, ऊपर आहिस्ता-आहिस्ता चलता पंखा। अपने आप को टटोला तो बाँई भुजा में दर्द-सा महसूस हुआ। उसे ग्लूकोस चढ़ाया जा रहा था। सिर में अब भी दर्द हो रहा था। सोचने का प्रयत्न करने लगी कि आख़िर हुआ क्या था। वह यहाँ अस्पताल में पहुँची कैसे ? सुनील कहाँ है ?

सुनील का नाम दिमाग़ में आते ही जैसे एक विस्फोट सा हुआ। कड़ियाँ एक-एक करके जुड़ने लगीं। सुनील से मुलाकात हुई भी तो किन हालात में। क्या वह सुनील को कभी मुँह दिखा पायेगी ? ...किन्तु कुसूर तो सुनील का भी उतना ही है जितना कि स्वयं संगीता का। ...तो फिर...। ...दोनों की स्थिति तो एक ही थी। फिर सुनील...। वह तो इस घटना से दूध का धुला बाहर निकल आयेगा। आखिर पुरुष है न...। मरना तो औरत को ही पड़ेगा। फिर यह समाज भी तो पुरुष का ही बनाया हुआ है न। इसीलिए तो एक ही भूल के लिए पुरुष और नारी को भिन्न-भिन्न सज़ा मिलती है।

किन्तु क्या दोष केवल समाज का ही है ? क्या वह स्वयं दोषी नहीं ? यदि सुनील को भी वही सज़ा मिले जो संगीता को मिलनी है तो क्या संगीता निर्दोष करार दी जा सकती है ? किन्तु क्या इस दलदल से निकलने का कोई रास्ता है या बस यही जीवन का अन्त है ? क्या आत्महत्या ही एकमात्र विकल्प बचा है उसके पास ?

क्या करेगी वह अब ? क्या मिसेज़ कोहली के पास जाये ? ...हाँ वही तो उसे इस दलदल में घसीटने के लिए ज़िम्मेदार हैं। न जाने उनका क्या बिगाड़ा था उसने ? अच्छा-भला जीवन जी रही थी। कहाँ से आ टपकीं मिसेज़ कोहली—एक अभिशाप की तरह। पर अब उन्हें दोष देने का क्या लाभ। वह स्वयं क्या

कोई दूध पीती बच्ची थी जो मिसेज़ कोहली की उँगली थामे दलदल में कूदने को तैयार हो गई। उन दिनों संगीता को अपनी सबसे बड़ी शुभचिन्तक मिसेज़ कोहली ही लगती थीं। उनकी सभी पार्टियों में संगीता का सम्मिलित होना तो आवश्यक सा हो गया था। सोच भी कैसे सकती थी कि स्वयं को अभिजात कहने वाली मिसेज़ कोहली ऐसे काम भी कर सकती हैं। पर फिर भी उनकी बात को अंधाधुंध मानने का क्या अर्थ! उसका अपना विवेक कहाँ गया था? किस चीज़ की कमी थी उसे? एक सुखी गृहस्थी की स्वामिनी थी वह। ...इस समय मिसेज़ कोहली थोड़े ही उसका साथ देंगी। और यदि दे भी दें तो क्या फ़र्क पड़ता है। हेमन्त थोड़े ही स्थिति को समझ पायेंगे।

हेमन्त तो इस कँपकँपाती शीत ऋतु में भी सीमा पर पहरेदारी कर रहे होंगे। अभी तो उनकी पोस्टिंग समाप्त होने में एक वर्ष और बाकी है। इस सबसे बेखबर उसकी कल्पना में हेमन्त का मासूम चेहरा उभर आया। पिछले ही सप्ताह तो समाचार आया था कि सीमा पर गोलियाँ चली थीं। एक जवान तो मारा भी गया था। जब-जब सीमा पर से गोलीबारी का समाचार आता है तो संगीता का दिल बैठ जाता है। पर क्या हेमन्त इस वज्रपात को झेल पायेंगे ? क्या यह सब उनके लिए बन्दूक की गोली से अधिक जानलेवा नहीं सिद्ध होगा।

अस्पताल के कमरे का सन्नाटा संगीता को परेशान किए जा रहा था। इस विषय को लेकर यदि वह बात करे भी तो किससे ? अब न तो कोई तिनका था और न ही कोई सहारा। वैसे कुछ यूँ भी लग रहा था कि सारा जीवन तिनके-तिनके हुआ जा रहा है। उड़ते गिरते तिनके। अब तो इन तिनकों का पुतला भी नहीं बन सकता। सब कुछ बिखर सा गया है।

हेमन्त जब साथ थे, तो जीवन में कोई भटकाव नहीं था। जब हेमन्त का तबादला सीमा पर हो गया था, तभी से अकेलापन जैसे काटने को दौड़ने लगा था। समय काटना एक कठिन कला बनता जा रहा था। बड़े शहर की भीड़ उसके लिए अकेलपन की आग को हवा देने का काम करती थी।

ऐसे में एक दिन अचानक उसकी मुलाकात लेफ़्टीनेंट बहल की पत्नी रीटा से हुई थी। रीटा ने अपनी मारुति कार की चाबियों के छल्ले को अपनी अँगुली में झुलाते हुए पूछा था, "संगीता जी, क्या करती रहती हैं सारा-सारा दिन ? बोर नहीं हो जाती हैं क्या ? भई अपने से तो नहीं कटती है ज़िन्दगी आपकी तरह। हमारा तो दम ही घुट जाये ऐसे।"

"तो फिर तुम क्या करती हो दिन भर?"

"अपना क्या है जी; मिसेज़ कोहली की 'पार्टियाँ' ही खासा बिज़ी रख लेती हैं। अरे हाँ आज भी तो शाम को पार्टी है उनके घर। चलिये न आप भी हमारे

साथ। मिसेज़ कोहली की पार्टियाँ तो खासी रंगीन होती हैं।''

मिसेज कोहली की पार्टी सचमुच ही रंगीन थी। संगीता की आँखें कमरे का मुआयना करने लगीं। फ़ौजी तो एक भी नहीं दिखाई दे रहा था। तो क्या सिविलियन पार्टी है? फ़ौजियों की पार्टियों में तो सिविलयन कम ही दिखाई देते हैं। तो फिर यह पार्टी ? संगीता ने सिर को हल्का सा झटका दिया। उसके सुबहे का एक हिस्सा एक झटके के साथ ही गिर गया। और तब उसने पार्टियों से अपनी ज़िन्दगी को रंगीन बनाने की कोशिश की थी।

रंग! ....अब तो एक ही रंग दिखाई दे रहा है। लहू का रंग। कुछ यूँ सा लग रहा है जैसे चारों ओर कैक्टस के असंख्य पौधे उग आये हैं। और संगीता उस कैक्टस के हुजूम पर गिर गई है। सारे शरीर में से रक्त फ़व्वारे की तरह बह रहा है। एकाएक आँखों से दिखाई देना बन्द हो गया है। दोनों ही आँखों से रक्त का लावा बहने लगा है। ...आज तो रक्त के सिवा कुछ भी सुझाई नहीं दे रहा था।

कुछ देर तक तो संगीता ने रीटा का हाथ पकड़े रखा। झिझक और शर्म के कारण वह किसी के साथ घुलमिल नहीं पा रही थी। मिसेज़ कोहली ने संगीता को रीटा से अलग किया और पार्टी के अन्य मेहमानों से मिलवाने लगीं। कई पहचाने चेहरे भी दिखाई दिये। आमतौर पर कैप्टेन और लैफ्टीनेंट की पत्नियाँ ही दिखाई दे रही थीं। सब उसकी समवयस्क। सभी लोग पार्टी के रंग में रँगे हुए थे। धीमा-धीमा संगीत बज रहा था। कुछ जोड़े डांस कर रहे थे। कुछ गपशप में व्यस्त।

धीरे-धीरे संगीता भी पार्टी के रंग में रम गई थी। उसे लग ही नहीं रहा था कि वह पहली बार मिसेज़ कोहली और उनके मित्रों से मिल रही है। कोई भी मेहमान फ़ौजी लोगों के बारे में कोई बातचीत नहीं कर रहा था। सम्भवतः इसीलिए संगीता को एक बार भी हेमन्त का ख़्याल नहीं आया। बहुत से मेहमान संगीता की ओर आकर्षित हो रहे थे किन्तु संगीता अपनी ही धुन में मस्त थी। वैसे पार्टी समाप्त होते-होते संगीता के पर्स में लगभग आठ-दस विज़िटिंग कार्ड इकट्ठे हो चुके थे।

विज़िटिंग कार्डों ने उसके जीवन में एक तूफ़ान सा ला दिया था। एक अजीब सी उथल-पुथल। हर फ़ोन काल में किसी न किसी विज़िटिंग कार्ड का ही ज़िक्र रहता। ''अरे आपको याद है संगीता जी, मेहरा बोल रहा हूँ। मिसेज़ कोहली की पार्टी में मिले थे। आपको अपना विज़िटिंग कार्ड भी दिया था।'' जीवन कुछ यूँ ही उलझ गया था। यह मेहरा कभी खन्ना बन जाता, कभी पाटिल, कभी शर्मा तो कभी वेंकटस्वामी। किन्तु शेष बात वही होती--मिसेज़ कोहली, पार्टी

और विज़िटिंग कार्ड।

ऐसा नहीं कि संगीता ने शुरू-शुरू में अपने आप को रोका नहीं। कुछ यूँ भी नहीं कि उसे पहला ही फ़ोन आया और वह बावली हो उठी। वास्तव में जब पहले फ़ोन की घंटी बजी और मेहरा बोला तो संगीता तो उसे पहचानी ही नहीं थी। फिर वोह भला संगीता को क्यों बुलाने लगा और वह भी एक पाँच सितारा होटल में।

पाँच सितारा होटलों की भी तो वह खासी दीवानी थी। हेमन्त की कमाई से तो किसी तरह बस घर का खर्चा ही चल पाता था। कहने को तो हेमन्त के दोनों कन्धों पर तीन-तीन सितारे लगे थे यानि कि कुल मिलाकर 'सिक्स स्टार'। किन्तु यह छः के छः सितारे मिलकर भी पाँच सितारा होटल के एक भी सितारे का सामना नहीं कर पाते थे।

संगीता को बचपन से ही दो वस्तुएँ अत्यधिक प्रिय थीं। उसके सपनों का राजकुमार सदा से ही एक फ़ौजी जवान रहा था और उसकी पसन्द की दूसरी वस्तु थी कैक्टस! भाँति-भाँति के कैक्टस के पौधे एकत्र करना, शौक था उसका। आज उसके पास उसके सपनों का राजकुमार हेमन्त भी था और साथ ही असंख्य कैक्टस के पौधे जिन्होंने उसके मस्तिष्क, दिल और बदन पर घाव कर-करके उसे लहुलुहान कर दिया था।

द्वार खुला और नर्स भीतर दाखिल हुई। यह क्या ! नर्स के शरीर पर हेमन्त का चेहरा कैसे लग गया। एकाएक उस चेहरे का स्वरूप विकृत होने लगा। बड़े-बड़े दाँत और सींग उग आये उस चेहरे पर। बड़ी-बड़ी मूँछें। भयावह चेहरा। ...नहीं, नहीं वह मरना नहीं चाहती। ...पर...पर जीकर भी क्या होगा ? मृत्यु का काला दानव वहाँ ताण्डव करने लगा था...संगीता को महसूस हुआ कि वह एक चिमगादड़ बनकर ऊपर लगे पंखे के साथ उलटी लटकी हुई है। छत के एक कोने पर पलस्तर थोड़ा उखड़ा हुआ था—एक आकृति वहाँ बन रही थी? ...हेमन्त! ...पंखा धीमा-धीमा घूम रहा था और साथ ही घूम रहा था संगीता का सिर।

सिरदर्द तो अब सिर के साथ ही जायेगा। रेगिस्तान में पानी की तलाश में निकली थी वह। चारों ओर बस रेत ही रेत तो थी। किन्तु इस रेगिस्तान में उसने भटकना शुरू क्यों किया ? अपनी बगिया की हरियाली से सन्तुष्ट क्यों न रह पाई वह? क्या अकेलापन ही इस भटकन का कारण हो सकता है?

अपनी देह, अपने शरीर, अपने जीवन से कितना मोह था। इसी कारण तो चक्रवात में फँस गई थी। आज तो स्वयं ही चाह रही है कि मृत्यु आ जाये। हेमन्त के साथ बिताये प्यार के क्षण इस समय सान्त्वना न देकर उससे प्रश्न

कर रहे थे।

'प्रश्नमंच' हेमन्त का प्रिय कार्यक्रम है। वह सदा ही संगीता को कहता है, ''अगर हम लोग इस एक कार्यक्रम को ढंग से देखें और याद रखें तो हमें जीवन के बहुत से प्रश्नों के उत्तर स्वयं ही मिल जायेंगे।'' किन्तु क्या प्रश्नमंच के प्रश्नों की भीड़ में संगीता के प्रश्न के लिए भी कोई स्थान है?

स्थान तो अब संगीता के लिए कोई नहीं बचा है—विशेष तौर पर हेमन्त के जीवन में तो कदापि नहीं। संगीता स्वयं ही तो उस स्थान को हेमन्त के घर से उठाकर पाँच सितारा होटलों के सुपुर्द कर आई है।

पहली बार जब वह होटल गई थी तो काफी झिझक रही थी। मिसेज़ कोहली उसे स्वयं ही होटल तक छोड़ने गई थीं, ''संगीता, देखना, एक दिन तुम स्वयं अपनी मारुति कार में इसी होटल में आओगी। तुम्हारा जीने का अन्दाज़ बदल जायेगा। बस यह झिझक कुछ दिन तक ही रहती है।''

यह झिझक ही तो मेहरा को पसन्द आई थी। वह तो संगीता पर वारी-वारी जा रहा था। ...और संगीता, मेहरा से अधिक होटल के कमरे को देखे जा रही थी। पहली बार किसी पाँच सितारा कमरे को भीतर से देख रही थी।....बस एक घंटे भर बाद संगीता होटल से बाहर भी जा चुकी थी। उस घंटे भर में मेहरा अपने आप को दो बार प्रसन्न कर चुका था। और संगीता को कम से कम पचास बार वचन दे चुका था कि जब भी दिल्ली आयेगा, हमेशा संगीता को ही बुलायेगा। मिसेज़ कोहली के पैसों के अतिरिक्त उसने दो हज़ार रुपये अलग से संगीता को दिये। और संगीता सोच रही थी—'एक घंटे में दो हज़ार मेहरा के और ढाई हज़ार मिसेज़ कोहली से। कुल मिलाकर साढ़े चार हज़ार रुपये। हेमन्त की महीने भर की पगार एक घंटे में।' विश्वास ही नहीं हो पा रहा था उसे।

संगीता ने अपने लिए विदेशी परफ़्यूम, लिपस्टिक और नेल पॉलिश खरीदे थे। चार्ली, एलिज़बेथ आर्डन, पलोमा पिकासो, शनैल, पायज़न—यह सब नाम जो उसने केवल सुन रखे थे, अब उसकी पहुँच के भीतर पहुँच गये थे।

किन्तु संगीता 'प्रोफ़ेशनल काल गर्ल' तो थी नहीं। उसके भीतर की मध्यवर्गीय मानसिकता कभी-कभी अपना फन उठाती—और संगीता तनावग्रस्त हो जाती। उसकी स्थिति विचित्र सी हो गई थी। यदि दो-तीन दिन मिसेज़ कोहली का फ़ोन न आये तो परेशान होकर स्वयं फ़ोन मिलाने लगती थी। यदि मिसेज़ कोहली तीन-चार दिन लगातार फ़ोन कर देतीं तो संगीता को भयंकर तनाव हो जाता।

इसी तनाव के कारण संगीता अपने ग्राहकों से खुल नहीं पाती थी। और संगीता की इसी झिझक की दीवानी थी मिसेज़ कोहली की मित्रमण्डली। संगीता

कई बार सोच में पड़ जाती थी कि इन सभी लोगों की पत्नियाँ भी तो गृहणियाँ ही हैं और साफ़ सुथरी भी अवश्य होंगी, फिर यह लोग उस पर इतना पैसा क्यों लुटाते रहते हैं। मिसेज़ कोहली का हर मित्र 'साफ़ सुथरी गृहणी' ही चाहता था। 'प्रोफ़ेशेनल' वेश्या से गुप्तरोग होने का डर जो रहता है।

हेमन्त के पत्रों और फ़ोन की प्रतीक्षा करने वाली संगीता एकाएक चाहने लगी थी कि हेमन्त थोड़े दिन और न आये। एक डर बराबर संगीता को परेशान किये रहता था। यदि हेमन्त को पता लग गया तो ?

जी कड़ा करके मिसेज़ कोहली को फ़ोन भी कर दिया, "मिसेज़ कोहली आपसे एक बात करना चाहती हूँ...यू नो,...बात, दरअसल यह है, कि मुझे बहुत डर लगने लगा है। यू सी, लास्ट मंथ पीरियड्स थोड़े डिले हो गये थे। तो कई दिन तक परेशान रही। फिर हेमन्त के बारे में सोचकर भी बहुत तनाव रहता है। डिप्रेशन की प्राब्लम बढ़ती ही जा रही है। ...मैं यह काम बन्द कर देना चाहती हूँ।"

संगीता की दलीलें इतनी कमज़ोर थीं कि मिसेज़ कोहली नामक तूफ़ान के सामने क्षणभर भी टिक नहीं पाईं।

आधे घण्टे बाद ही वह टेक्सी में बैठकर चाणक्यपुरी की ओर चल दी थी। अब तो वह दिन भर के लिए भी ग्राहक के साथ रहने को तैयार हो जाती थी। मिसेज़ कोहली को भी खतरा सा महसूस होने लगा था। उनका हर एक मित्र संगीता को ही बुलाने लगा था। इस तरह उनका धंधा तो केवल संगीता पर ही आश्रित होकर रह जायेगा। किन्तु मिसेज़ कोहली को अपना धंधा चलाना आता ही था।

कालेज के दिनों में संगीता घर से कालेज और कालेज से घर के अतिरिक्त और कहीं भी नहीं जाती थी। उसकी सहेली मीना तो उन दिनों भी काफ़ी चुस्त थी। अपनी किसी आंटी का ज़िक्र करती थी मीना। वही उसे भिन्न होटलों में ले जाया करती थी। एयरलाइन के मेम्बरों को सप्लाई होती थी मीना और उसकी सहेलियाँ।

मीना कालेज के दिनों में भी इतनी तड़क-भड़क से रहती थी कि संगीता जैसी लड़कियाँ उससे बात करने का साहस नहीं कर पाती थीं। परन्तु मन में कहीं कोई हूक अवश्य होती थी कि उसके पास मीना जैसा व्यक्तित्व व वैसे कपड़े क्यों नहीं हैं। धीरे-धीरे मीना और संगीता अच्छी सहेलियाँ बन गईं। और मीना ने संगीता के सामने भी पैसा बनाने का प्रस्ताव रखा।

संगीता ने मीना को खासा लताड़ा, "तुम अगर अभी से इन चक्करों में पड़ी रहोगी तो पढ़ाई क्या करोगी। किसी दिन कोई बीमारी लगाकर वापिस

आओगी। तब देखना सब तुम पर कैसे थूकते हैं।'' मीना हँसकर चली गई।

आज संगीता को अस्पताल के कमरे में चारों ओर मीना की हँसी ही सुनाई दे रही थी, ''संगीता डार्लिंग, व्हाट हैपेण्ड ? ...यह तुम किस चक्कर में पड़ गईं? वो सब लेक्चर क्या मेरे ही लिए थे? ...मुझे देखो, अमरीका में अपने पति के साथ ऐश कर रही हूँ। और तुम...हा..हा..हा....''

निष्चेष्ट-सी पड़ी रही संगीता। उस दिन भी तो सिरदर्द के मारे यूँ ही पड़ी थी संगीता। मिसेज़ कोहली का फ़ोन आया था, ''बम्बई से मिस्टर कुमार आये हैं। तुम्हारे प्रिय होटल में ठहरे हैं। स्वीट नं. 338 में होंगे। बस एक बात का ध्यान रखना, कुमार को सफ़ेद कपड़े बहुत पसन्द हैं। कोई व्हाइट बेसवाली साड़ी पहन जाना।''

''मिसेज़ कोहली मेरे सिर में बहुत दर्द है। आज नहीं जा पाऊँगी।''

''मैं कौन-सी तुम्हें अभी जाने को कह रही हूँ। दोपहर को डेढ़-दो बजे चली जाना। वो लन्च भी तुम्हारे साथ ही करना चाहता है। अपना हार्डिकर है न, उसका खास दोस्त है। बम्बई से आज ही आया है।''

''मैंने कहा न, मेरी तबीयत ठीक नहीं है। मैं नहीं जा पाऊँगी। आप रीटा को भेज दीजिये ना।''

''रीटा जनपथ गई है। उसका कलकत्ते वाला आया हुआ है। वो तो पूरे हफ़्ते के लिए बुक है।''

''ओह, मिसेज़ कोहली!''

''बच्चों जैसी बातें नहीं करो संगीता। कुमार हार्डिकर का खास दोस्त है। हार्डिकर का बंबई से फ़ोन आया था। वो चाहता है कि तुम ही कुमार के पास जाओ। और फिर अगले हफ़्ते तो हेमन्त भी आ रहा है। फिर तो एक महीने के लिए तुम बँध जाओगी। यही मौका है, थोड़े पैसे बना लो। फिर घंटे भर की ही तो बात है। कुमार को तीन-चार बजे तो मीटिंग में चले जाना है। फिर उसका कोई भाई भी यहीं रहता है। कह रहा था कि कल से तो भाई के घर शिफ़्ट कर जायेगा। बस आज का ही दिन है उसके पास। दस हज़ार की बात हुई है। पाँच तुम्हारे और टिप ऊपर से। ऐसा मौका रोज़-रोज़ नहीं मिलता।''

संगीता उठी, एक गोली क्रोसिन की ली। श्वेत कपड़े पहनकर श्याम कर्म करने जा रही थी। बगलों के बाल साफ़ किये, बिना बाहों वाला 'डीपकट' ब्लाऊज़ और अपना पसन्द की सफ़ेद साड़ी। न जाने क्यों सब कुछ बहुत अनमने ढंग से हो रहा था। कभी साड़ी के प्लीट ठीक से नहीं बन रहे थे तो कभी मैचिंग चप्पलें नहीं मिल रही थीं। मैचिंग लिपस्टिक, नेल पॉलिश, गले का हार, चूड़ियाँ—सब मिलकर, संगीता गंगा जैसी पवित्र मूर्ति लग रही थी।—गंगा, जिसमें

सारे संसार का मैला मिलकर पवित्र हो जाता है।

घर से तैयार होकर संगीता निकली। टेक्सी ली और होटल पहुँच गई। तबीयत अभी भी पूरी तरह ठीक नहीं लग रही थी। सम्भवतः इसीलिए उसे कुछ ऐसा लग रहा था जैसे वह पहली बार मिसेज़ कोहली के दोस्त को मिलने जा रही हो। होटल के दरबान ने सलाम मारा। दस रुपये उसे टिप दिये। चाल में थोड़ा दर्प भरते हुए आगे बढ़ गई। लिफ़्ट तीसरी मंजिल पर रुकी। लिफ्ट में से निकलते-निकलते भी संगीता सोच रही थी—'आज के बाद मिसेज़ कोहली को स्पष्ट इंकार कर दूँगी। अब कल से हेमन्त के आने तक अपने आपको हेमन्त के लिए तैयार करना होगा। अपने आपको इस काम से अलग करना होगा। तभी तो हेमन्त प्रसन्न रहेगा। उसे कुछ पता भी तो नहीं चलना चाहिए।'

दरवाज़े पर थाप दी। दरवाज़ा खुला, "हलो...."

और संगीता की आँखों के सामने जो विस्फोट हुआ वो तो हेमन्त के बर्फ़ीले बार्डर पर भी नहीं हो सकता था। अँधेरा सा छाने लगा था। बेहोश हुई जा रही थी संगीता। ...सामने सुनील खड़ा था—उसका अपना देवर!

देवर ग्राहक और भाभी...। "भाभी, आप!"

सुनील की आँखों और आवाज़ में अविश्वास था। और उन दो आँखों का सामना करने की शक्ति संगीता में चुकती जा रही थी। वह बेहोश होकर गिर पड़ी थी।

छत पर पंखा अब भी घर्र-घर्र घूम रहा था और साथ ही घूम रहा था संगीता का सिर। हेमन्त परसों ही आने वाला है।...

तुम क्यों मुस्कुराए

नरेश सूरी ! ...साहित्य का एक भारी भरकम नाम। उनके बारे में नरेन ने इतनी हल्की बात कैसे कह दी! "वो आदमी, बड़े नाम का छोटा आदमी है!"

कई दिनों तक नरेन का यह वाक्य मेरे दिमाग़ पर हथौड़े बजाता रहा। बात वास्तव में यह है कि नरेन भी गाहे बगाहे कोई तुर्रा छोड़ने वाला व्यक्ति नहीं है। हर बात को विविध दृष्टिकोणों से देखकर, नापतौल कर बात करता है नरेन! ...सम्भवतः इसीलिए, मैं उसकी कही बात को सिर से एक झटके से हवा में उड़ा नहीं पा रहा था।

नरेश सूरी बी.ए. में हमारे अध्यापक थे। नरेन उनका सबसे प्रिय विद्यार्थी था। सारी कक्षा को सूरी सर से एक ही शिकायत रहती थी कि सूरी सर क्लास में केवल नरेन को ही पढ़ाते हैं। उनकी आँखें पढ़ाते समय केवल नरेन पर ही टिकी रहती हैं। उनकी फ्रेंच कट दाढ़ी, चेहरे पर चश्मा और आँखों में चमक केवल नरेन को ही ढूँढती रहती थी। एक दिन तो उन्होंने हद ही कर दी...एक नया पाठ उन्होंने केवल इसलिए नहीं शुरू किया क्योंकि उस दिन नरेन नहीं आया था...और वही नरेन आज!

नरेन भी तो सदा सूरी सर की तारीफ़ें करता नहीं थकता था, "अपन तो भाई बस एक बात जानते हैं, सूरी सर हिन्दी साहित्य के मिल्टन हैं मिल्टन! ...मिल्टन ने जो काम बाइबल के लिए किया है, सूरी सर ने वही काम रामायण के लिए किया है। मिल्टन का 'गॉड' एक बदरंग सा, फीका सा चरित्र है, जबकि सूरी सर का राम तो एक संपूर्ण हाड़-मांस का इंसान है। ...सूरी सर तो मिल्टन से भी आग निकल गये।

मिल्टन एकाएक छोटा आदमी कैसे हो गया था!

कालेज के दिनों में नरेन मेरा निकटतम मित्र था। लँगोटिया यारवाली कसौटी

पर हम दोनों की दोस्ती खरी उतरती है। मेरे स्कूल-कालेज की पढ़ाई से लेकर मेरे तलाक तक नरेन का योगदान मेरे जीवन में सदा ही महत्वपूर्ण रहा है। ...फिर नरेन के सूरी सर से मोहभंग होने का कारण मुझसे कैसे छिप सकता था। एक मैं ही तो था, जिससे नरेन अपने मन की हर बात कह लेता था।

कालेज के दिनों में सूरी सर हमारे आदर्श हुआ करते थे। "इस देश में दहेज समस्या को सुलझाने का एक ही रास्ता है...प्रेम विवाह!...हमें प्रेम विवाहों को बढ़ावा देना होगा। तभी हमें दहेज के इस दानव से मुक्ति मिल पायेगी।...मुझे देखो; मैंने स्वयं प्रेम विवाह किया था।...मैं केवल कहता नहीं हूँ। जो कहता हूँ, वो करके भी दिखाता हूँ।"

"क्या ख़ाक प्रेम विवाह किया था। ...अरे जो आदमी प्रेम को केवल विवाह से ही जोड़कर चले, वो क्या ख़ाक प्रेम करेगा।....अपनी आत्मकथा में तो स्वयं ही लिखा है कि "जब तक यह तय न हो जाये कि मैं अनु से विवाह कर सकता हूँ, तब तक उससे प्यार कैसे कर सकता हूँ'। ...जीवन में हर समय कैल्कुलेशन!"

"मैं तो यहाँ तक कहता हूँ कि इस आदमी का नाम नरेश सूरी नहीं... कैल्कुलेटर सूरी होना चाहिए। ...यह आदमी नफ़े-नुक्सान के बारे में इतना सोचता है कि पत्नी के पास बिस्तर में जाने से पहल भी कैल्कुलेटर पर हिसाब-किताब करता होगा...कितना लाभ...कितनी हानि। ...यह साहित्य का अध्यापक कैसे हो गया? इसे तो मुनीम होना चाहिए था।" नरेन का दर्द शब्दों में साफ़-साफ़ सुनाई दे रहा था।

कालेज के दिनों में तीन चीज़ों से पागलमन की हद तक प्रभावित था—डॉ. धर्मवीर भारती का उपन्यास गुनाहों का देवता, इंदिरा गाँधी का व्यक्तित्व और नरेश सूरी! भारती जी का उपन्यास बाईस बार पढ़ा था। ...लगता था इससे बेहतर उपन्यास कोई हो ही नहीं सकता। नरेन ने उसे एक ही बार पढ़कर कहा था, "मुझे पूरी उम्मीद है कि डा. भारती को अवश्य ही शर्म महसूस होती होगी कि उन्होंने ऐसा उपन्यास लिखा है।"

इंदिरा गाँधी ने स्वयं ही ब्लूस्टार आपरेशन करके मेरे धार्मिक स्थल के साथ-साथ अपने आप को भी ध्वस्त कर लिया था। ...और आज नरेन ने सूरी सर के व्यक्तित्व के चिथड़े-चिथड़े उड़ा दिये थे।

मुझे भी आज ही मालूम हुआ था कि आज तक नरेन ने अपने दिल में कितनी बातों का तूफ़ान छिपा रखा था। कैसे पचा लेता है यह इंसान...इतनी कड़वाहट!

"बल्लू!"

नरेन मुझे इसी नाम से पुकारता है। ...इसी से मुझे यह अहसास भी बना रहता है कि नरेन मुझे कितना करीबी समझता है। ...मैं न जाने कितने विचारों

के जालों की धूल झाड़ रहा था। कुछ सुनाई ही नहीं दिया। ...''यार बल्लू! ...कहाँ खो गया है!''

''कुछ नहीं यार, बस ऐवें ही! ...हाँ बोल!''

''यार जीवन के सारे समीकरण उलटे-पलटे हो गये हैं। बचपन से सुनते आ रहे हैं—लव बिगेट्स लव! ...पर, नरेश सूरी पर यह मुहावरा भी लागू नहीं होता। यह आदमी इतना आत्मकेंद्रित है कि अपने अतिरिक्त किसी और को प्यार कर ही नहीं सकता। ...तुम तो जानते हो कि मैं इस आदमी के व्यक्तित्व से कितना अभिभूत था। ...मगर इस इंसान ने अपनी ही छवि तोड़ने में कोई कसर नहीं छोड़ी। ...मैंने इसके लिए क्या-क्या नहीं किया।...''

और मैं सोच में डूब जाता हूँ। ...दरअसल, मुझे स्वयं ही नरेन से ईर्ष्या होने लगती थी। ...कहीं मैं भी चाहता था कि सूरी सर मुझे भी उतना ही महत्व दें जितना कि नरेन को देते हैं। किन्तु केवल चाहने मात्र से क्या हो सकता था। ...बस! ...मन मसोसकर रह जाता था।

जब-जब नरेन सूरी सर को भाई साहब और उनकी पत्नी को भाभी कहता था, तो मैं अपने आप को छोटा महसूस करने लगता था। ...हीनता मेरे दिल में घर कर जाती थी। मन ही मन कुढ़ता रहता था। ...पर मैं पगड़ीधारी सिख और सर पूरे जनसंघी। ...फिर भी अच्छे लगते थे। तर्क के मामले में उनका कोई सानी नहीं था। एकदम अकाट्य तर्क प्रस्तुत करते थे।

सम्भवतः नरेन के व्यक्तित्व पर भी तो सूरी सर का ही असर है।...वह भी तो तर्क से ही जीवन जीता है। ...मेरे जीवन के दो महत्वपूर्ण व्यक्ति तर्कशक्ति की जीती जागती मिसाल हैं; जबकि मैं दिल, भावना और प्यार का शिकार हूँ।...

वैसे प्रेम तो सूरी सर ने भी किया था, और नरेन ने भी। नरेन ने तो कई-कई प्रेम किये थे। ...किन्तु पुनीता से उसे वही प्रेम था जिसकी परिणति विवाह में हो जाती है। उसने सूरी सर के लिए तो गुलाबी पगड़ी का प्रबंध भी कर रखा था...वह तो उनसे भाई की मिलनी की रस्म करवाने की भी सोच रहा था। ...किन्तु सूरी सर के कैल्कुलेटर ने दूसरी ही कैल्कुलेशन कर दी थी...वो विवाह में शरीक ही नहीं हुए।

पहली बार नरेन को इतने गुस्से में देखा था। ...पहुँच गया था सर के घर ....पूरे लड़ने के मूड़ में। बिन बुलाई नव वधू को भी साथ ले गया था...सूरी सर की पत्नी ने स्थिति सँभाल ली थी। बात आई गई हो गई थी। ...किन्तु नरेन के मन में पहली गाँठ पड़ गई थी।

''यार नहीं आना था तो न आते; पर यह तो बदतमीज़ी की हद है

न! ...कहते हैं कि दिल्ली में इतनी शादियाँ होती रहती हैं, अब मैं हर शादी में तो नहीं पहुँच सकता न! यार स्पष्टवादिता और अशिष्टता में कोई अंतर तो रखना चाहिए।" नरेन का गुस्सा उसकी आँखों में तैरने लगा था।

फिर तर्क। ...मुझे कुछ-कुछ अहसास होने लगा था कि सूरी सर और नरेन में बढ़ रही दूरी का कारण क्या है। ...सूरी सर को नरेन की तर्क शक्ति से कुछ ख़तरा महसूस होने लगा है। ...दरअसल सूरी सर यह बरदाश्त ही नहीं कर पाते कि उनका कोई विद्यार्थी उनके बराबर होने की कोशिश करे। सूरी सर को या तो शिष्य चाहिए, या भक्त या फिर चमचे। ...और मैं तो इन तीनों का अद्‌भुत मिश्रण हूँ मगर नरेन सूरी सर से बराबरी करने की हिमाकत करता है। ...वहीं मात खा जाता है। ...सूरी सर और नरेन के बीच बढ़ती दूरी न जाने क्यों मेरे चेहरे पर मुस्कुराहट ला ही देती है।

वैसे, सूरी सर की अशिष्टता का शिकार केवल नरेन ही हुआ हो ऐसा भी नहीं है। उनकी अभद्रता किसी को भी कभी भी अपने घेरे में ले सकती है। सूरी सर के घर एक साहित्यिक गोष्ठी थी। उस गोष्ठी में हर लेखक अपनी लिखी रचना सुनाता है। फिर रचना चाहे कहानी हो, कविता या व्यंग्य यही एक स्थान है जहाँ मैं आसानी से नरेन को नीचा दिखा सकता हूँ। ...नरेन को लेखन का कोई शौक नहीं है। ...जबकि मेरी कहानियों की तो एक किताब भी छप चुकी है। ...किताब का फ़्लैप भी सूरी सर ने ही लिखा था...किताब छपवाई भी उन्होंने थी।

गोष्ठी के सिलसिले में मैंने सूरी सर को फ़ोन किया था। फ़ोन उनकी पत्नी ने उठाया था, "हाँ बलविन्दर, क्या बात है ?"

"जी वो एक बात पूछनी थी!"

"पूछो।"

"जी गोष्ठी के बारे में पूछ रहा था। ...मेरी एक फ्रेंड है रूबी। ...अगर आप इजाज़त दें तो मैं उसे अपने साथ गोष्ठी में ला सकता हूँ।"

"बलविन्दर, तुम्हारे सर तो इस वक़्त घर में नहीं।...मगर, उसे लाने में क्या दिक्कत हो सकती है। ...कम से कम इतने लेखकों को एक पाठक ही नसीब हो जायेगा।"

और मैं रूबी के साथ पहुँच गया था, सूरी सर के घर। हमेशा की तरह सूरी सर गोष्ठी का केंद्रबिन्दु बने बैठे थे। ...जैसे दरबारियों से घिरे, सच्चे नरेश ही हों। सर अपनी दिलीप कुमाराना आवाज़ में बोले थे, "हाँ तो मिस रूबी, आप क्या लिखती है?"

"यह लिखती नहीं है सर, इन्हें तो केवल पढ़ने का शौक है।" रूबी से

पहले मैं बोल पड़ा था।

''तो बलविंदर, अगली दफ़ा इनको अपने साथ यहाँ मत लाइयेगा। यह साहित्य गोष्ठी है, जहाँ हर लेखक अपनी-अपनी रचना दूसरों को सुनाता है। ...तुम चाहो तो सोशल विज़िट पर रूबी को कभी भी ला सकते हो। ...कम से कम साहित्य गोष्ठी का तो लिहाज़ किया करो।'' ...सूरी सर की स्पष्टवादिता से मेरे कान बजने लगे थे। रूबी के सामने अपने आपको तुच्छ महसूस कर रहा था। ...सूरी सर अभी भी मुझे अपना विद्यार्थी ही समझते हैं। उन्हें मालूम नहीं कि मैं बड़ा हो गया हूँ।

नरेन के शब्द रह-रहकर मेरे कानों में गूँजने लगे थे, ''यार, स्पष्टवादिता और बदतमीज़ी में कोई अंतर तो होना चाहिए।'' नरेन की असहायता का मज़ा लेने वाला मैं, आज स्वयं सूरी सर की स्पष्टवादिता का शिकार हो गया था।

अपने अपमान को दबा गया था मैं...उस समय प्रतिक्रिया देने का अर्थ होता, सूरी सर से सम्बन्धों की इतिश्री। ...और मैं नरेन से हारने को तैयार नहीं था। ...यह बेइज्ज़ती यदि किसी और ने की होती, तो मेरा खालसा खून सम्भवतः खून बहाने में भी नहीं हिचकता...परन्तु नरेन से मेरी स्पर्धा, आड़े आ रही थी।

मैंने यह बात नरेन को बताई तक नहीं। डर था कहीं नरेन मेरे पौरुष को ललकार न दे। उसके बाद तो नरेन का सामना करना भी कठिन हो जाता ...नरेन मेरी हँसी भी उड़ा सकता था। ...उसके समक्ष...मैं एकाएक कितना बौना हो जाता।

अगले ही दिन सूरी सर को फोन किया था, ''सर, कल गोष्ठी में आपकी बात सुनकर थोड़ा विचलित हो गया था...मगर बाद में मुझे महसूस हुआ कि आप ठीक कह रहे थे। ...साहित्य तो अपने आप में एक संपूर्ण वस्तु है...भला इसे पाठकों या बाहर की दुनियाँ से क्या लेना-देना।''

अपनी ओर से मैंने बहुत बड़ा तीर मार लिया था...सूरी सर को उनकी लेखकीय सोच की सीमा बता दी थी...नरेन के सामने बौना भी नहीं बना...किन्तु ...किन्तु सूरी सर की ओर से कोई भी प्रतिक्रिया नहीं हुई थी।

प्रतिक्रिया तो नरेन भी जल्दी से नहीं करता। वह तो मेरी बदतमीज़ियाँ भी आसानी से पचा लेता है। ...फिर सूरी सर तो हम दोनों के श्रद्धेय हैं। ...मैं तो हमेशा नरेन को सूरी सर का चमचा ही कहता हूँ। ...उस चमचापन पर आवरण चढ़ाने के लिए उसने अपनी पत्नी से सूरी सर को राखी बँधवानी भी शुरू कर दी थी। ...अब तो सूरी सर भी यही कहते हैं। फिर ऐसी क्या स्थिति बन गई कि उसने सूरी सर को इतना कठोर टेलीफ़ोन कर मारा।

''भाई साहब!...नरेन बोल रहा हूँ।''

"हाँ, बोलो!"

"एक दुविधा में हूँ। तय नहीं कर पा रहा हूँ कि आपसे बात करूँ या नहीं।"

"यह तुम्हारा मामला है; इसे तुम ही सुलझाओ। ...हाँ, अगर कुछ कहना हो तो कह डालो, मैं सुन रहा हूँ।" फिर वही अभद्रता की सीमा तक जाने वाला रूखापन।

"भाई साहब, आज आपने मुझे दरियागंज से लाल किले तक अपनी कार में छोड़ने से इंकार कर दिया...मैं यह बात पचा नहीं पा रहा।"

"तो अपनी पाचन शक्ति बढ़ाओ।...मुझे दरियागंज से रिंगरोड होकर अपने घर आना था। लाल किला उस रास्ते पर नहीं पड़ता। और फिर मैं लाल किले की भीड़भाड़ में कार नहीं चला सकता।"

"भाई साहब, नारायण जी से तो मेरे कोई संबंध भी नहीं हैं...और...वे तो रहते भी यमुना पार हैं।...अगर वे मुझे लाल किला छोड़कर यमुना पार जा सकते हैं, तो आपके तो घर के रास्ते में लाल किला पड़ता है।"

"देखो नरेन! तुम हद से अधिक अशिष्ट हुए जा रहे हो। अगर मैं अपना उपन्यास तुम्हें और तुम्हारी पत्नी को समर्पित कर सकता हूँ, तो यह छोटा सा काम भी कर सकता हूँ।...तुम मेरे विद्यार्थी हो...फिर भी तुम मुझे भाई साहब और मेरी पत्नी को भाभी कहते हो, फिर भी मैंने तुम्हें कभी नहीं टोका। इसका अर्थ यह हरगिज़ नहीं कि तुम अपनी सीमा भूल जाओ। इस तरह की ओछी बातों के लिए मेरे पास काई वक़्त नहीं है।..." सूरी सर हाँफ़ रहे थे। "...नारायण क्या करता है, क्या नहीं, इससे मुझे कोई सरोकार नहीं है। ...मैं बस इतना जानता हूँ कि मैं लाल किले की भीड़ वाली सड़क पर गाड़ी नहीं चला सकता।"

और सूरी सर ने फ़ोन दिया।...उनका विद्यार्थी उनका मुकाबला करे। ...हाऊ डेयर ही!....नरेन समझ ही नहीं पा रहा था कि उससे ग़लती कहाँ हो गई। जिस व्यक्ति को वह अपना आदर्श मानता है, यदि वह ही ऐसी बेग़ानों की सी हरकत करे, तो क्या उसे सही स्थिति का ज्ञान करवा देना ग़लत है।

आश्चर्य तो मुझे हुआ था, घोर आश्चर्य, क्योंकि इस घटना के बारे में मुझे नरेन ने कुछ भी नहीं बताया।...फिर से ज़हर पचा गया था। मुझे इस हादसे का ज्ञान दिया गुरुवर नरेश सूरी जी ने। विशेष बात तो यह थी कि सूरी सर ने पूरी की पूरी बात बता दी थी बिना कुछ काँट-छाँट किये। यह किस्सा सुनाते हुए वे हाँफने लगे थे।...जैसे कि सारी घटना दोबारा जी रहे हों। और मैं...? ...मैं एक अन्जान खुशी से भीग रहा था... मेरे अंदर का 'इगो' यह सोच-सोच कर नाच रहा था कि सूरी सर नरेन से जितने दूर होंगे, मैं उतना ही उनके करीब होता जाऊँगा।

नरेन अब भी मुझे प्रसन्नता से वंचित रखे हुए था। किन्तु सूरी सर...वे मेरी खुशी का स्रोत बने जा रहे थे।...मुझे तो बस उनकी हाँ में हाँ मिलानी होती थी...मेरी आत्मा पर भी कोई बोझ नहीं पड़ रहा था...क्योंकि मैं स्वयं नरेन की बुराई तो करता नहीं था...करने की आवश्यकता ही कहाँ पड़ती थी...यह काम तो सूरी सर स्वयं ही कर लेते हैं।...उन्हें कभी इस बात का भी संकोच नहीं होता था कि कहीं मैं नरेन को सब कुछ बता न दूँ।...हमारे नायक ने नरेन को खलनायक घोषित कर दिया था....और दूरदर्शन पर ओनिडा टेलिविज़न का विज्ञापन चल रहा था...और मैं मंद-मंद मुस्कुरा रहा था। अचानक ओनिडा टी. वी. के विज्ञापन के शैतान का चेहरा बदलकर मेरे चेहरे जैसा होने लगा ...मैंने घबराकर चैनल बदल दिया...रिमोट कंट्रोल कितनी फ़ायदेमंद चीज़ है।

अचानक सूरी सर और नरेन के संबंधों का रिमोट कंट्रोल मेरे हाथ आ लगा था।...फिर बिजली गिरी...नरेन की पत्नी का एक्सीडेंट हो गया।...सफ़दर जंग हस्पताल में वो ज़िन्दगी और मौत के बीच संघर्ष कर रही थी।...नरेन की पत्नी इतनी अच्छी और ज़हीन महिला थी कि दुःख होना सहज बात थी। मैं भागा-भागा हस्पताल पहुँचा।...मुझे देखकर नरेन के सब्र का बाँध जैसे टूट ही गया था....फूट-फूटकर रोने लगा था।

"सर को सूचना दी?" मैंने दबे स्वर में पूछा।

"तुम दे देना।" नरेन के ठण्डे जवाब ने जैसे पानी ही फेर दिया पूरी स्थिति पर। नरेन चोर को कह रहा था कि घर की रखवाली कर ले।...सूरी सर नरेन की पत्नी की दुर्घटना का समाचार पाते तो अवश्य ही अस्पताल पहुँचते...यह भला मैं कैसे सह सकता था कि एक बार फिर सूरी सर और नरेन के बीच की दूरी समाप्त हो जाये...।

नरेन की पत्नी चल बसी...एक बार फिर सूरी सर को समाचार देने का उत्तरदायित्व मुझ पर ही था।...जब सूरी सर अस्पताल नहीं पहुँच सके तो मैं उन्हें श्मशान कैसे पहुँचने देता...अबकी बार उन्हें 'यह' पता चला कि नरेन ने उन्हें दुर्घटना की सूचना देने से मना कर दिया था...फिर भला वे मय्यत पर कैसे पहुँचते।

नरेन और सूरी सर के बीच के सभी तार टूट गये। पत्नी की मृत्यु के दुःख के साथ सूरी सर का न आना नरेन के लिए भी सह पाना संभव नहीं था। ...अपने दिल का दर्द सुनाने के लिए वह अपने दोस्त के पास आया था। ...मैं तो सूरी सर की बातें सुन-सुनकर एक अच्छा श्रोता बन ही चुका था... वही आज भी कर रहा था...।

नरेन चला गया।...उसके चेहरे पर ग़म, दुःख, क्षोभ और गुस्सा बारी-बारी

आ रहे थे।... उसके जाते ही मेरे चेहरे पर मुस्कुराहट उभर आई।...मैं उठकर शीशे के सामने जाकर खड़ा हो गया।...कुछ ही क्षणों में शीशे में मेरी आकृति धुँधली पड़ने लगी....चमत्कार हो गया...अब शीशे में मेरी जगह सूरी सर की शक्ल उभरकर आ गई। हम दोनों एक-दूसरे को देखकर मुस्कुरा रहे थे।

अपराधबोध का प्रेत

उसने यह बात सोची ही कैसे ?...

क्या ऐसे कुत्सित विचार का दिमाग़ में आना ही उसे अपराधी नहीं बना देता? रक्त बोतल में से बूँद-बूँद टपककर अब भी नली में से होता हुआ सुरभि की शिराओं में जज़्ब हुए जा रहा था। उसके चेहरे पर लगा हुआ ऑक्सीजन नकाब निरंतर आक्सीजन उसके शरीर में पहुँचा रहा था।...यही आक्सीजन सुरभि की साँसों को किसी भी तरह थामे हुई थी। परन्तु नरेन!...नरेन को लग रहा था जैसे कोई अज्ञात शक्ति उसका गला दबाये जा रही है।...उसकी आवाज़ उसके तालू के साथ चिपककर रह गई है। उसकी जीभ आवाज़ को बाहर निकलने ही नहीं देना चाहती। आख़िर ऐसा गिरा हुआ वीभत्स विचार उसके मन में आया कैसे!...उसके पास तो जीवित रहने का कोई भी कारण नहीं बचा है।

"नरेन, आज तुम्हारे लिए मूली के परांठे बनाकर लाई हूँ।" सुरभि ने अपनी आवाज़ की खुशबू बिखेरी।

"तुम टिफ़िन में थोड़ा ज़्यादा खाना लाया करो ना।...मैं तो तुम्हारा सारा टिफ़िन खा जाता हूँ। और तुम्हें बाज़ारी छोले-भटूरे खाने पड़ते हैं।"

"जानते हो, तुम खाते हो तो मुझे कितना सुख मिलता है।...अगर ज़्यादा लाऊँगी तो माँ पूछेगी नहीं कि किसके लिए ले जाती हूँ।...मुझसे झूठ नहीं बोला जाता।"

"इतना प्यार करती हो मुझे ?"

"मैंने कहा ना, मुझसे झूठ नहीं बोला जाता।" सुरभि की खिलखिलाहट भरी हँसी पूरी फ़िजां में फैल गई थी।

सुरभि ने आँखें खोलीं।...नरेन को अभी भी पहचान पा रही थी। उसे पेशाब करने की जरूरत महसूस हुई थी। अपराधबोध से ग्रस्त नरेन ने जल्दी से कमोड

लगाया, पेशाब करवाया और रुई से सफ़ाई कर दी।

सुरभि की बीमार आँखों में से आँसू की एक बूँद निकली और उसके तकिये में समा गई। वैसे तो उसके शरीर में कैंसर ने पाँच साल पहले ही जड़ें जमा ली थीं, पर पिछले दो वर्ष ने उसका संबंध बिस्तर से और भी प्रगाढ़ कर दिया था। करवट बदलते हुए भी हड्डियों के भुरभुराकर टूटने का डर रहता था। सीधे लेटे रहने से पीठ में वैसे भी दर्द होता रहता था।...बोन मैटास्टेसिस!...सुनने में कितना रोमैंटिक सा नाम लगता है...कितनी भयानक बीमारी!

''तुम्हें माँ ने बुलाया है।''

''तुम तो कह रही थीं कि ममी हस्पताल में हैं।''

''हाँ, पेट में बहुत बड़ा ट्यूमर हो गया था।...काफ़ी बड़ा आपरेशन हुआ है।...मैंने एक दिन हस्पताल में ही तुम्हारे बारे में बात कर दी।...पहले तो बहुत नाराज़ हुईं, फिर बोलीं कि उसे ले आना, मैं भी देखूँ कि चीज़ क्या है; जो मेरी बेटी को इतना पसन्द आ गया है।''

''एक बात तो है सुरभि, अगर माँजी ने मुझे पसन्द कर लिया, तो तुम्हें छोले-भटूरे खाने से मुक्ति मिल जायेगी।''

''भला, वोह कैसे ?''

''लल्लु लाल!...फिर तो उन्हें बता सकोगी कि टिफ़िन में एक्स्ट्रा खाना किसके लिए ले जाना है।'' हँसी के साथ सुरभि के सुंदर दाँतों की कतार जैसे किसी टूथपेस्ट का विज्ञापन लगने लगती थी।

इतनी लंबी बीमारी भी सुरभि के दाँतों को बीमार नहीं कर पाई।...अभी दो महीने पहले तक तो सुरभि घर में बैठकर फ़ोन पर बात भी कर लेती थी फ़ोन पर उसकी आवाज़ सुनकर कोई मानने को तैयार ही नहीं होता था, कि सुरभि सचमुच बीमार है।...पिछले तीन सप्ताह से तो बस...हस्पताल का बिस्तर, रक्त की बोतल और आक्सीजन का सिलंडर!

''बेटा जी, काम कहाँ करते हो ?''

''बस जी, यह जो पंखा ऊपर चल रहा है ना, उसी कम्पनी में सेल्ज़ आफ़ीसर हूँ।''

''तनख़्वाह कितनी मिल जाती होगी?''

''साढ़े आठ सौ रुपये।...माँ जी ऊपर की कोई आमदनी नहीं है।...हाथ में बस आठ सौ पचास रुपये ही आते हैं।...वैसे सरू का कहना है कि इतने पैसों में घर चला लेगी।''

भाँजी के माथे पर बल दिखाई दिये, ''सिगरेट, शराब की कोई आदत है क्या ?''

"माँजी, आज तक तो दोनों चीज़ें नहीं थीं...भविष्य की तो रामजी ही जानें।"

"सुरभि बता रही थी कि माँ-बाप के अकेले बेटे हो!"

"जी हाँ, एक बहन है, बड़ी।...शादी हो चुकी है उनकी। दो बेटे भी हैं।"

माँजी के चेहरे से नरेन कुछ भी समझ नहीं पा रहा था कि वह साक्षात्कार में सफल रहा या उसे रिजेक्ट कर दिया गया।...पर कुछ दिनों बाद सुरभि के टिफ़िन में उसका खाना भी आने लगा था।

सुरभि ने फुसफुसाहट भरी आवाज़ में कुछ कहा। नरेन का अपराध-बोध और गहरा हो गया।...जिस गले से दाग़ और ग़ालिब की गज़लें माधुर्य पाती थीं, उसी गले से आज फुसफुसाहट भी मुश्किल से निकल पा रही थी। फ़िल्मी गीतों को लेकर भी नरेन और सुरभि में नोकझोंक चलती रहती थी। नरेन की पसंदीदा जोड़ी थी शैलेन्द्र और शंकर जयकिशन जबकि सुरभि को शकील की शायरी अच्छी लगती थी, "शृंगार रस का उपयोग जिस तरह शकील करते हैं, किसी और फ़िल्मी शायर के बस की बात नहीं...उस पर नौशाद का संगीत ...मेड फ़ॉर ईच अदर जोड़ी।"

"जयपुर भी कोई हनीमून पर जाने की जगह है?"

"वहाँ से माउंट आबू भी तो जायेंगे।"

"पर जयपुर क्यों?"

"सरू, ना जाने क्यों, आमेर के किले में जाकर ऐसा लगता है, जैसे मैं वहाँ पहले भी आ चुका हूँ...तुम भी मेरे साथ वहाँ चलकर वोह किला देखना। लोग तो इंगलैंड और अमरीका से आते हैं वोह महल देखने।"

"उनका हनीमून नहीं होता।...हनीमून के लिए तो हर कोई हिल स्टेशन पर ही जाता है।"

"तो पहले माऊंट आबू चले चलते हैं।...वापसी में जयपुर चले जायेंगे।"

"नहीं पहले जयपुर ही चलेंगे।"

नरेन की हर बात रख लेती हे सुरभि।...कभी भी ऐसा नहीं हुआ कि सुरभि ने अपनी कोई बात नरेन पर लादी हो।...जयपुर में ही एक ब्रिटिश जोड़ा भी अपने हनीमून पर आया हुआ था। उसी होटल में ठहरा था जहाँ नरेन और सुरभि रुके थे। देखते ही अंग्रेज़ युवती के मुँह से निकला था, "मेड फ़ॉर ईच अदर कपल!"

नर्स आई हैं। साँवले रंग की, मध्यम नीली पोशाक। आमतौर पर नर्सें सफ़ेद पोशाक पहनती हैं।...सम्भवतः हस्पताल वाले सफ़ेद रंग को शोक का प्रतीक मानते हैं।...या फिर कोई और भी कारण हो सकता है।...पर इस हस्पताल में नर्सें नीले रंग के कपड़े पहनती हैं।...नरेन उसे देखे जा रहा था...उसका मन हुआ

कि आगे बढ़कर नर्स के होठों पर एक चुम्बन अंकित कर दे। दूसरा कुत्सित विचार...अभी तो पहले विचार के अपराधबोध से ही बाहर नहीं निकल पाया था। आज उसका मन बेलगाम क्यों हुए जा रहा है।

नरेन के विचारों से अनभिज्ञ, नर्स ने सुरभि की नब्ज़ देखी, फ़ाइल में लिखा। खून का टपकना चेक किया। सुरभि की आँख खुली। "हैलो, कैसा है अबी ? ...रात को नींद ठीक से आया ?" सुरभि के बीमार चेहरे पर भी मुस्कान की एक लकीर दिखाई दी...उसकी आँखें कह रही थीं अब तो बस अंतिम निद्रा की प्रतीक्षा है....सुरभि को आक्सीजन और खून की बोतल ने अहसास करवा दिया था कि मामला चला-चली का ही है...कल रात ही नरेन के कानों में फुसफसाई थी, "कार के ट्रांस्फ़र पेपरों पर मेरे साईन करवा लो।" घर की चीज़ों का हमेशा से ही बहुत ख़्याल रखती है।

"यह दराज़ क्यों खुला छोड़ दिया।...अलमारी भी हमेशा खुली छोड़ देते हो...कभी भी अपनी रखी हुई चीजें तुम्हें बिना ढूँढ मचाये मिलती हैं!...मैं नहीं रहूँगी ना तब मेरी याद आयेगी तुम्हें..." ...तीन दिन से यह रद्दी के अख़बार लाकर बैठक में रखे हैं, जाकर बेच आओ...बैठक में यह शोपीस सजाने का क्या मतलब है!"

सुरभि को घर एकदम तरतीब से सजा हुआ अच्छा लगता है। बहुत बार नरेन को कह चुकी है कि फ़िजूल के रद्दी कागज़ों को फैंक बाहर करे...पर नरेन के लिए ज़िन्दगी को सिलसिलेवार तरतीब से सजाना संभव ही नहीं है। उसे तो यह भी समझ नहीं आता कि उसका कौन सा कागज़ रद्दी है और कौन सा काम का।...वैसे पत्रिकाओं के संपादकों की राय में तो नरेन का सारा लेखन ही रद्दी है...इसीलिए तो उसकी सभी रचनाएँ या तो लौट आती हैं या फिर रद्दी की टोकरी में चली जाती हैं।...कितने वर्षों से लिख रहा है नरेन...कहीं किसी भी पत्रिका में एक भी तो रचना नहीं छपी...यह अलग बात है कि वह अपने आप को कवि भी समझता है और कहानीकार भी।"

"जरा थोड़ी देर के वास्ता बाहर जाने का।...हम पेशेंट को सपंज देइंगा।" नर्स की आवाज़ नरेन को चौंका गई। सुरभि को उठकर बाथरूम में गये तो एक महीने से ऊपर हो चुका है...सपंज से ही काम चल रहा है।...सुरभि को डेटॉल की महक अच्छी नहीं लगती...नर्स को यह मालूम है।...सपंज के लिए पानी में यूडेकोलोन डाल रही है।...सुरभि नरेन को कुछ कहना चाहती है।...नरेन अपना कान सुरभि के होठों के पास ले जाता है।...चुंबन का हल्का सा स्वर उसके कानों में पहुँच जाता है।...सुरभि की आँखें फिर गीली हैं....नरेन का अपराधबोध और गहरा गया है।

"मेरी छाती तो कटवा आये...मुझे प्यार कर पाओगे अब?"...पाँच वर्ष पहले भी सुरभि अपने कैंसर और कटे हुए स्तन को लेकर इतनी बेबाकी से बात कर लेती थी।" नरेन ने उसे कई बार समझाने की कोशिश भी की कि उसका काम एक छाती से भी चल जायेगा...उसे लगता था शायद सुरभि से अधिक वह अपने आप को समझा रहा है। ...कई बार सोचा कि सुरभि की बीमारी पर एक कहानी ही लिख डाले...समझ नहीं पाया शुरू कहाँ से करे। अपने लेखन को लेकर तो उसे कई बातें समझ नहीं आती थीं। उसकी कोई भी रचना छप क्यों नहीं पाती ...यह सवाल हमेशा उसके सामने मुँह बाये खड़ा रहता है।

समझ तो यह भी नहीं पाता था कि सुरभि के अंतिम समय में वह अकेला ही उसके पास क्यों बैठा है।...सुरभि का तो व्यक्तित्व इतना आकर्षक है कि हस्पताल में उसे देखने के लिए मित्रों का ताँता लगा रहता है। पर मित्र तो हमेशा बाहर वाले ही कहलाते हैं ना!...फिर अंदर वाले, सुरभि के माता-पिता, भाई, बहनें, ससुरालवाले सब कहाँ हैं ?....

"मैंने अपनी माँ से बात की थी।"

"इसमें कौन सा बड़ा तीर मार लिया आपने। हर बेटी अपनी माँ से बात करती है।"

"मेरी बात को यूँ मज़ाक में ना उड़ाओ।...वैसे तो मुझे अपनी माँ से यही उम्मीद होनी चाहिए थी...फिर भी इतना कोरापन....वह ऐसा कह देंगी...इसकी भी आशा नहीं थी।" सुरभि की आँखें बात करते-करते गीली हो गई थीं।

"ऐ...ई! ऐसी भी क्या बात हो गई जो हमारी सरू को इस कदर गीला कर गई?"

"मैंने पूछा था कि पता नहीं मैं कितने दिन और ज़िन्दा रहूँगी। मेरे मरने के बाद मेरे बड़े भैया अगर मेरे बच्चों को रख लें।...मैंने तो यह भी कहा था कि तुम सारा ख़र्चा दोगे..पर..."

"क्यों, क्या-क्या कहा उन्होंने ?"

"उन्होंने मेरी उम्मीद की किश्ती को तैरने से पहले ही डुबा दिया।...कहती हैं, देख भई गुड्डी, तेरे बच्चे अलग तरह से पले हैं।...उनको हम अपने पास नहीं रख सकते।...अपनी मरती हुई बेटी का झूठा दिल रखने को भी उन्होंने यह नहीं कहा कि मेरी मौत के बाद मेरे बच्चों को सँभाल लेंगी।"

"हम कितने किस्मत वाले हैं सुरभि, कि हमारे रिश्तेदार हमसे झूठ नहीं बोलते।"

पर सुरभि की बीमारी भी तो झूठ नहीं...उससे अधिक कठोर सत्य तो दूसरा कोई हो ही नहीं सकता...डॉ. कुरकुरे ने तो घोषणा कर ही दी थी..."मि. नरेन,

मेरा ख़्याल है आप टाटा हस्पताल जाकर मौरफ़ीन ले आयें।...यूअर वाईफ़ नीइज़ दैट!"

"डाक्टर साहिब इसका क्या मतलब है?...कितने दिन की मोहलत देते हैं आप ?"

"बस एक महीना भर समझ लीजिए, आप।"

नरेन ने अचानक अपनी सैकंड-हैंड मारुति के ब्रेक पूरे जोर से दबा दिये थे। अगर पीछे आने वाला रिक्शा चालक चौकन्ना न होता तो दुर्घटना घट ही जाती। "सारी डॉक्टर!" ...नरेन का बदन काँप रहा था।

"आई कैन अण्डरस्टैंड।...रिलेक्स!"

कैसा आराम!...सुरभि के शरीर की सारी हड्डियों को कर्क रोग खोखला कर गया था।...सरू के बूटे की तरह लंबी सुरभि अब अपने पैरों पर खड़ी भी नहीं हो सकती थी।...नरेन सुरभि की आँखों में मौत का लम्बा साया हर रोज़ देखा करता था...उसकी आँखें आज भी इसी प्रतीक्षा में हैं कि शायद उसकी माँ उसके अंतिम क्षणों में किसी भी तरह उसके पास आ जाये।....इंसान की हर इच्छा कहाँ पूरी हो सकती है....सुरभि की आत्मा को कहीं भटकना ना पड़े...अपनी माँ को खोजती ना रहे।

नरेन में भी वह अपने पिता को खोजा करती है।...नरेन की बहुत सी आदतें सुरभि के पिता से मिलती-जुलती हैं।...नरेन का विनोदी स्वभाव, गुस्सा, प्यार, तुनकमिजाजी, मिठाई का शौक, बच्चों की पढ़ाई में रुचि,...और सबसे अधिक ज़िन्दादिली...यह सब उसे अपने पिता की याद दिला जाते हैं।...अब ना जाने कौन सी बातें नरेन के दिमाग़ की डायरी में सुरभि की यादें ताज़ा करती रहेंगी।

"सरू, तुम डायरी भी लिखती हो ?"

"नहीं, बस यूँ ही...।"

"अरे ! मुझे तो इतने वर्षों में पता ही नहीं चला।"

"तुम्हें अपनी कविताएँ और कहानियाँ लिखने से फुरसत ही कहाँ मिलती है, जो तुम किसी दूसरे की लिखी चीज़ें पढ़ो।"

"मेरा लेखन तो बस एक मृग-मरीचिका ही है, सुरभि। ...मेरी कामना जितनी अधिक प्रबल होती है कि मेरा लेखन प्रकाशित हो, छपाई मुझसे उतनी ही दूर होती चली जाती है।...यह बात मुझे अन्दर ही अन्दर आहत करती रहती है ...सर्पदंश से अधिक विषदायक है यह सच्चाई कि मेरा लेखन छपने के लायक नहीं है।"

"ऐसा क्यों सोचते हो जी ?...और फिर छपास की भूख भी कोई भूख हुई...नहीं मुझे देखिए, जब हायर सेकण्डरी में थी, तब से लिख रही हूँ...कम

से कम तीन किताबों के लायक कहानियाँ तो लिख ही चुकी हूँ...आप को आज तक पता भी चला ?...मेरे मन में छपने की भूख है ही नहीं।...बस लिखती हूँ, आत्मसंतोष मिल जाता है। कहानी फ़ाइल में रख देती हूँ....मैं तो उन्हें दोबारा साफ़ सुथरा करके लिखने की भी नहीं सोचती। यदि किसी काम से मन को सुकून मिल जाये, तो इससे बड़ी उपलब्धि क्या होगी?''

''मैं तुम्हारी तरह महान नहीं हूँ, सुरभि। मैं देखता हूँ, इतनी ख़राब-ख़राब कविताएँ अखबारों में, पत्रिकाओं में छप जाती हैं। फिर मेरी ही रचनाओं की ऐसी परिणति क्यों।''

महान् सुरभि की परिणति भी कितनी दर्दनाक है!...उसे भूख लगी है। ...कुछ भी खा नहीं पा रही...उल्टी हो जाती है।...अरुण दूध की बोतल ले आया है...बच्चों को दूध पिलाने वाली बोतल...उसमें थोड़ा दूध डालकर पिलाने की कोशिश में है नरेन...अपराधबोध का प्रेत फिर से तंग करने लगा है...इस दूध पीती बच्ची के बारे में उसने ऐसा सोचा ही कैसे ?

अरुण को कितना स्नेह देती है सुरभि।....''इस महानगर में आपके बाद यदि मुझे किसी पर विश्वास है तो अरुण पर!...वैसे आपको अरुण से कुछ सीखना चाहिए।...दुनियादारी के मामले में अरुण जितना सफ़ल हो पाना कठिन ही है।''

अरुण भी रोज़ हस्पताल आता है। दो रातें तो हस्पताल में सोया। नरेन को आराम देना भी तो आवश्यक है।...मन ही मन द्वन्द्व जारी है...नरेन सोच रहा है, अरुण को बता देने से क्या अपराधबोध कम हो जायेगा ?

सुरभि बच्चों को मिलना चाहती है। अंतरा की दसवीं की परीक्षा चल रही है। अपूर्व तो छोटा है—अभी पाँचवीं में ही है। सुरभि की बेचैन निगाहें दीवार पर जैसे कुछ ढूँढ रही हैं। नरेन के माथे पर पसीना छलकने लगा है।...कहीं सुरभि के जाने से पहले उसका ही दम ना निकल जाये।...नर्स को बुलाता है नरेन ....सुरभि का दर्द बढ़ता जा रहा है। नरेन का प्रेत और बड़ा होता जा रहा है। ....अरुण को फ़ोन करना है।...बच्चों को हस्पताल ले आये।...माँ से मिल लेंगे। अरुण के स्वर में झल्लाहट है, ''भाभी को अकेला क्यों छोड़ा ?...जल्दी वापिस उनके पास जा...सारी उमर साहित्यिक गोष्ठियों के चक्कर में रहा और भाभी को कभी वक्त नहीं दिया और अब उनके आख़री वक़्त में भी उनके पास नहीं बैठ रहा।''

''तुम्हारे पास घर के लिए बिल्कुल भी वक्त नहीं है।...कैसा है यह इंसान! ....मर जाऊँगी ना तब ढूँढते फिरना।...हाथ मलते रह जाओगे...'' रोने लगती है। हिचकियाँ बँध जाती हैं। ''मेरे पास बैठा करो ना...तुम्हारे बिना बिस्तर काटने को दौड़ता है।...मर जाऊँगी तो कर लेना साहित्य की सेवा।''

पहली बार सुरभि ने नरेन को तुम कहकर पुकारा था।...वह तो आप और जी के बिना बात ही नहीं करती थी। टेमोक्सीफ़िन और जाने क्या-क्या दवाइयाँ खा रही है...रेडियेशन...कीमोथिरेपी...मौत का डर...नरेन को पकड़कर अपने पास बिठाये रखना चाहती है सुरभि।...प्यार की पराकाष्ठा है सुरभि।...नरेन समझ नहीं पाता...सुरभि बनकर सोच नहीं पाता...आसान काम है क्या...सुरभि बनकर सोचना आसान काम है क्या!

इतना लेखन करके एक रचना भी ना छपवाना, क्या आसान काम है? ...ऐसे मुश्किल काम सुरभि ही कर सकती है...सुरभि अच्छी पत्नी भी है, अच्छी माँ भी है, अच्छी मित्र भी है...अच्छी लेखक भी है।

हाँ नरेन उसकी सारी फ़ाइलें चुपके से पढ़ गया था.....उसे बिना बताये ...कई रचनाएँ पढ़कर उसकी आँखों में भी आँसू आ गये थे।...इतना दर्द...कहाँ से कोई इतना दर्द अपने लेखन में।...और ऐसा लेखन छपवाना नहीं चाहती ...पागल है...पागल ही तो है, वरना नरेन जैसे साधारण इंसान से विवाह क्यों करती ।...उसकी बेहूदगियाँ बरदाश्त करते सुरभि को वर्षों बीत गये हैं।

डा. दलजीत सिंह तो सदा नरेन को ही दोषी ठहराते हैं। साफ़-साफ़ अपनी कड़वाहट नरेन पर उँडेल देते हैं।...सुरभि को रिसर्च करवा रहे थे, गाइड थे उसके। ...सुरभि को अपने कालेज में लेक्चररशिप भी दे रहे थे।...पर अन्तरा बस अढ़ाई वर्ष की थी उस समय।...नरेन की सास या सुरभि की सास दोनों में से कोई भी अंतरा की देखभाल को तैयार नहीं हुआ।...नरेन और सुरभि दोनों ही अंतरा को 'क्रेश' में रखने को राज़ी नहीं थे।...अन्ततः सुरभि नौकरी नहीं कर पाई। ...डा. दलजीत सिंह के अनुसार यही एक घटना सुरभि के कैंसर का कारण भी बनी। वह तो नरेन को सुरभि को कातिल कहने में भी नहीं चूकते।

अंतरा और अपूर्व को लेकर अरुण आ गया है।...डबडबाई आँखें...सफ़र की तैयारी...बच्चों को प्यार...अंतरा का रोना..अपूर्व चुप...माँ को देखता जा रहा है। नरेन...सुरभि...रक्त की बोतल...आक्सीजन का सिलंडर...नकाब...कहीं सब सुरभि के आभूषण लग रहे..., सुरभि इस समय भी कितनी सुंदर लग रही है। ...'कीमोथिरेपी'...'रेडियेशन'...'टेमोक्सीफ़िने' सब फ़ेल।...आँखें माँ को ढूँढ रही हैं, भाई की प्रतीक्षा में हैं।

"मेरी एक बात मानोगे ?"

"तुम्हारी बात कब नहीं मानता!"

"मेरे मरने के बाद दूसरी शादी मत करना। ....मेरे बच्चों का जीवन नरक बन जायेगा।...तुम मजबूर हो जाओगे...दूसरी माँ बस दूसरी हो जाती है...माँ नहीं रह पाती..."

"कल तो तुम कह रही थीं कि तुम्हारे मरने के बाद दूसरी शादी ज़रूर कर लूँ, ताकि तुम्हारा महत्व जान सकूँ।"

"यही तो मेरी समस्या है...जीवन में पहली बार किसी मुद्दे पर एक राय नहीं हो पा रही।"

"तुम ठीक हो जाओगी।....तुम्हें कुछ नहीं होगा। तुम फिर पहले की तरह चलने लगोगी।..."

चलना तो दूर...अब तो बैठ भी नहीं पाती...बिस्तर...बिस्तर...बस बिस्तर...। पिछले दो वर्ष से बाहर की दुनियाँ से उसका संपर्क बस टेलिविज़न और टेलीफ़ोन के माध्यम से है।"

"तुम सारा-सारा दिन फ़ोन से ही चिपके रहते हो।...कभी हमें भी वक़्त दिया करो।

"....."

"चुप रहने से काम नहीं चलेगा....कभी सोचा है इन बच्चों को भी तुम्हारा वक़्त चाहिए...मैं कितनी अकेली हो जाती हूँ...मेरे साथ करने के लिए तुम्हारे पास कोई बात नहीं...बाहर वालों के साथ घंटों बतिया सकते हो।"

अंतरा की परीक्षा है। उसे जल्दी घर लौटना है। अरुण बच्चों को छोड़कर फिर वापिस आने को कह रहा है। तीनों के वापिस जाते ही कमरे में सुरभि और नरेन अकेल रह जायेंगे।...नरेन के अपराधबोध का प्रेत फिर सक्रिय हो जायेगा।...नरेन बेचैन...सुरभि की आँखें बंद हैं...शायद सो रही हैं। अगर सुरभि को कुछ हो गया तो यह प्रेत उसे कभी नहीं छोड़गा ..उसे जकड़े रहेगा।

प्रेत का अस्तित्व नरेन को बेचैन किये जा रहा है।...उसे इस अपराध के लिये सुरभि से माफ़ी माँगनी ही है।...उसे सुरभि को विश्वास दिलाना होगा कि ऐसा कुत्सित विचार उसके मन में फिर कभी नहीं आयेगा। "मुझे माफ़ कर दो सुरभि मैं सोच रहा था तुम मर जाओगी तो तुम्हारी सारी कहानियाँ और कविताएँ अपने नाम से छपवाऊँगा। ...मुझे माफ़ कर दो..."

सुरभि का सिर लुढ़ककर स्थिर हो गया है। अब उसे रक्त या आक्सीजन की कोई आवश्यकता नहीं थी।

चरमराहट

इस समय भी उसे अपना नाम याद नहीं आ रहा था। उसकी आँखों में आँसू आ गये थे। लाल आँसू! वह कभी उस दूर तक फैले मलबे को देख रहा था, तो कभी सामने बने कच्चे-पक्के मन्दिर को। उस टूटे हुए मलबे में से रह-रहकर अज़ान की आवाज़ें निकलकर जैसे हवा में लहरा रही थीं। पूरे वातावरण का तनाव रह-रहकर उसकी नसों-नाड़ियों में घुसा जा रहा था। मन्दिर में से आ रही आरती की आवाज़ भी उसके तनाव को ढीला नहीं कर पा रही थी। आस-पास के लोगों के चेहरों पर अविश्वास और असुरक्षा की भावना जैसे गर्म लोहे से अंकित कर दी गई थी।

आज से लगभग तीस वर्ष पहले भी ऐसे ही बदहवास चेहरे उसने देखे थे। पल भर में घर के करीबी मित्र बेगाने हो गये थे। तब वह स्कूल में पढ़ता था। उस समय उसका एक नाम भी था—इन्द्रमोहन। स्कूल के लिए इन्द्रमोहन तिवारी। अपने नाम से उसे बेहद लगाव था। अंग्रेज़ी में अपना नाम बहुत मज़े से बताता था—"आय. एम. तिवारी"—यानि कि मैं तिवारी हूँ और खिलखिलाकर हँस पड़ता था।

उस शाम भी वह खिलखिलाकर हँस रहा था कि उसके पिता ने घायल अवस्था में घर में प्रवेश किया था। उसकी माँ तो पागलों की तरह छातियाँ पीटने लगी थी। बड़े भैया ने तो लाठी उठा ली थी, "आज दो-चार को तो ढेर कर ही दूँगा।" पिता के शरीर के घाव, भाई का जुनून, सोडा वाटर की बोतलें, अल्लाह-हो-अकबर, सड़क पर बिखरा काँच, हर-हर महादेव, छुरेबाज़ी से घायल लोग, पुलिस की वर्दी, पुलिस का डंडा, पानी के फ़व्वारे, पुलिस की गोलियाँ, सायरन, बूटों की ठक-ठक, कर्फ़्यू सब याद है उसे ! स्कूल का बन्द होना, सब्ज़ी का ग़ायब हो जाना, चेहरे पर चिपका हुआ डर, दिमाग़ों में भरी दहशत, अपनों

का बेग़ानापन, बेग़ानों का अपनापन, कुछ भी नहीं भूला है उसे। फिर उसका नाम!

उसे उस छोटी उम्र में ही उन नामों से नफ़रत हो गई थी जो नाम धर्म से संचालित होते हों। क्यों यह नाम, जातों और धर्मों का सिलसिला खत्म होने में नहीं आता ? किसी भी बच्चे के बस में नहीं कि वह अपना नाम स्वयं रख सके। तो क्यों उसे इस दुनिया में लानेवाले कोई नाम दे देते हैं जो कि उमर भर के लिए उसकी पहचान बन जाता है। क्यों नहीं उस बच्चे को छोड़ देते तब तक, जब तक बड़ा होकर वह स्वयं अपने लिए इक नाम की तलाश न कर ले। उसी दिन उसने अपने पिता को कहा था, "बाबूजी, मेरा नाम बदल दीजिए!"

बाबूजी की डाँट-फटकार ने उसके फ़ैसले को और भी मज़बूत बना दिया था। बड़ा होते ही, उसने अपना नाम बदलने का जो प्रण लिया था उसे पूरा करने का समय आ गया था। उसे लगा था कि नाम उसका अपना है, वह जब चाहे, जैसे चाहे अपना नाम बदल लेगा। नाम बदलना ऐसा कौन-सा मुश्किल काम है।

नाम बदलना नाम कमाने से कम मुश्किल काम नहीं है। कचहरी के चक्कर, गज़ट में नाम निकलवाना और समाचार पत्र में इश्तहार देना—यह सब करना पड़ा तब कहीं जाकर वह आई. एम. तिवारी से आई. एम. हिन्दुस्तानी बन पाया। हाँ, यही उसका नया नाम था। अब वह किसी को अपने नाम आई. एम. का अर्थ नहीं बताता था। वह चाहता था कि सब लोग उसे केवल हिन्दुस्तानी कहकर पुकारें। हिन्दुस्तानी या फिर मिस्टर हिन्दुस्तानी। उसने प्रण कर लिया था कि किसी को भी अपना धर्म नहीं बतायेगा।

पहली ही टक्कर में उसके प्रण के टुकड़ों का मलबा बिखरकर रह गया था। नौकरी के लिए फ़ार्म भरते समय उसे एक कॉलम भरना था—धर्म ! उसने धर्म के सामने लिख दिया था—'नास्तिक' ! बहुत बार सोचा करता था कि हमारे तो अधिकतर लेखक वामपंथी हैं तो इन लोगों ने नौकरियाँ पाने के लिए धर्म के कॉलम में क्या लिखा होगा। क्या इनका वामपंथ धर्म लिखने की अनुमति देता है ? या फिर यह सब ढकोसलावादी वामपंथी हैं ? सबने मकान खरीद रखे हैं। वामपंथ तो सम्पत्ति अर्जित करने के ख़िलाफ़ है। फिर यह सब क्या गोलमाल है ?

नास्तिक होने का दंड उसे भुगतना पड़ा। साक्षात्कार में उससे एक भी सवाल उसकी पढ़ाई या काबलियत के बारे में नहीं पूछा गया। पैनल के हर सदस्य को केवल एक बात में रुचि थी कि वह नास्तिक क्यों है। और...क्या नास्तिक-

वाद भी कोई धर्म हो सकता है ?

अपने मन में घुमड़ती हुई उत्तेजना को उसने जुबान दे ही दी, ''सर, धर्म हमें हज़ारों साल पीछे ले जाता है। जब हम कोई कैमरा, फ्रिज या कार खरीदते हैं तो हमारी कोशिश यही रहती है कि नये से नया मॉडल खरीदें। किन्तु जहाँ कहीं भी धर्म की बात आती है, तो हर धर्मवाले अपने पुरातन से पुरातन ग्रंथ की डींग हाँकने लगते हैं। आदिम लोगों द्वारा लिखी गई पिछड़ी हुई बातों के लिए हम लोग कट मरते हैं। क्या यह सही है ? क्या नास्तिक होना इस स्थिति से कहीं अधिक बेहतर नहीं है ? ...और फिर एक धर्मनिरपेक्ष देश में ऐसे सवाल का क्या औचित्य है ?''

पैनल के सदस्य उसकी बातें सुनते रहे और अन्ततः वह नौकरी उसे नहीं मिली। उसे समझ आ गया कि धर्म की बाँह थामे बिना उसकी नैया पार नहीं लगनेवाली। किन्तु उसे तो किसी भी धर्म में विश्वास नहीं। तो किस धर्म की बाँह थामे ? जब सभी धर्मोंवाले अपने-अपने धर्म को श्रेष्ठ और दूसरे धर्म को नीचा बताने में लगे हों तो वह किस ओर देखे ?

नौकरी पाने के लिए उसने अपने जन्म-धर्म का ही हाथ थामा। अपने पासपोर्ट में भी वह हिन्दू हो गया। वह केवल हिन्दुस्तानी बना रहना चाहता था, किन्तु नौकरी ने उसे हिन्दू बनाकर ही दम लिया।

नौकरी मिली भी तो जेद्दाह में। वहाँ तो धर्म का दूसरा ही रूप था। औरतों पर पाबंदियाँ। उनके चेहरे बुर्के ओर नकाबों में ढके नज़र आते। ग़ैर-मुस्लिम औरतों को भी आबाया पहनना पड़ता था। दिन में पाँच बार नमाज़ के समय पूरा शहर जैसे जड़ हो जाता था। नमाज़ के दौरान सभी दुकानें बन्द।

वहाँ उसने विभिन्न स्तरों पर भेदभाव देखा। पहला फ़र्क तो मुस्लिम और ग़ैर-मुस्लिमों में था। मुस्लिमों में सऊदी और ग़ैर-सऊदी का फ़र्क था। अरबी और ग़ैर-अरबी मुसलमानों में अन्तर था। अमीर और ग़रीब देशों के मुसलमानों में अन्तर था। फिर ग़ैर-मुस्लिमों में चमड़ी का अन्तर था—यानि गोरा और काला।

जीवन में पहली बार जेद्दाह से ताएफ़ जाते हुए उसने मुसलमानों के लिए आरक्षित सड़क देखी थी। मण्डल के कमण्डल का एक और रूप ! वहाँ की धार्मिक पुलिस आपका इकामा चेक करेगी। इकामा—यानि कि 'वर्क परमिट'। यदि आपका इकामा हरे रंग का है तो आप मुस्लिम हैं और उस आरक्षित सड़क पर जा सकते हैं। अन्यथा आपको एक लम्बा-सा चक्कर लगाकर अनारक्षित सड़क से ताएफ़ पहुँचना होता था। उसी सड़क पर रास्ते में उसने बिल्डिंगों का एक समूह देखा था। उसे डिपोर्टी कैम्प कहते थे। यानि के वे लोग जिन्हें सऊदी अरब से निष्कासित किया गया हो पहले उन्हें उस कैम्प में रखा जाता था। अन्ततः

एक उड़ान पर चढ़ा दिया जाता था जो उन विदेशियों को उनके देश की धरती पर पहुँचा देती थी। उस कैम्प में आप तभी दाखिल हो सकते हैं यदि आप स्वयं निष्कासित या तड़ीपार हैं या फिर आप पुलिसवाले हैं।

डिपोर्टी कैम्प के बारे में सोचकर ही हिन्दुस्तानी को झुरझुरी-सी आ गई। कैसा व्यवहार होता होगा वहाँ के निवासियों के साथ ?

हिन्दुस्तानी को जेद्‌दाह में सदा दहशत का माहौल ही दिखाई देता था। बिना किसी युद्ध-स्थिति के भी वहाँ डर का वातावरण बना रहता था। पुलिस में भी मुतव्वा यानि कि 'धार्मिक पुलिस' का आतंक सर्वोपरि था। मुतव्वा से तो सऊदी नागरिक भी डरते हैं। अप्रवासी तो उन्हें देखकर घबरा ही जाते हैं।

ईराक-कुवैत लड़ाई के दिनों में तो यह डर का वातावरण और गहरा गया था। यदि उसे इतनी अच्छी पगार न मिल रही होती तो हिन्दुस्तानी कब का वापिस अपने मुल्क आ गया होता। पैसा तो किसी को भी कहीं भी रोक लेता है। पैसे का चमत्कार तो हिन्दुस्तानी जेद्‌दाह और ताएफ़ में देख चुका था। रेत में पेड़ खड़े कर दिये गये थे।

ईराक के साथ युद्ध के समय सी. एन. एन. का अतिक्रमण सऊदी पर भी हुआ। सी. एन. एन. के कार्यक्रमों का खुलापन वहाँ के कठमुल्लाओं को सहन नहीं हुआ। कुछ समय बाद स्टार टी.वी. और एम. टी. वी. ने भी वहाँ हमला बोला। टी.वी. के डिश एंटेना पर राजघराने की बिजली गिरी। डिश एंटेना को शैतान की कटोरी कहा गया और 'एड्स' की कुंजी। कठमुल्लाओं ने ऐलान कर दिया कि डिश एंटेना लगाने से एड्स हो जायेगी। हिन्दुस्तानी अपने एक मित्र के यहाँ जाकर केबल टी.वी. देख लेता था।

हिन्दुस्तानी उस समय भी धर्म की जटिलताओं को समझ नहीं पा रहा था। एक ही धर्म के दो देश आपस में लड़ते हैं। दूसरे धर्म के कई देश मिलकर एक देश को ध्वस्त करने में जुट जाते हैं। यानि कि धर्म एकता की गारंटी नहीं है! पुत्र द्वारा पिता की हत्या को धर्म नहीं रोक सकता। तो फिर धर्म के नाम पर हत्याएँ क्यों ? क्या यह सब केवल आडम्बर है ?

हिन्दुस्तानी का दिमाग़ बेलग़ाम घोड़े की तरह भागता जा रहा था। तर्क वितर्क, कुतर्क सब उसके दिमाग़ में ज्वार-भाटा खड़ा किए जा रहे थे।—''एक समय ऐसा भी तो होगा जब मनुष्य को मालूम ही नहीं होगा कि भगवान भी किसी चीज़ का नाम है। यानि कि इंसान ने भगवान का आविष्कार नहीं किया होगा। फिर किसी ने पहली बार भगवान के होने का अहसास किया होगा। उसने पहले धर्म का ऐलान किया होगा। फिर किसी दूसरे ने किसी और भगवान के होने का एहसास किया होगा। तो दूसरा धर्म उत्पन्न हो गया होगा। इसी तरह

फिर तीसरा, चौथा और पाँचवा धर्म बन होंगे।" इस सबका निष्कर्ष हिन्दुस्तानी ने यही निकाला, "जब-जब कोई भी व्यक्ति भगवान को देखता है या उससे तारतम्य बना लेता है तो सभ्यता और बँट जाती है।"

प्रकृति ने तो सभी इंसानों के जन्म और मरण का तरीका एक ही रखा है। इंसान ही क्यों उस बच्चे के पालन-पोषण से लेकर क्रियाकर्म तक भिन्न-भिन्न तरीके अपनाता है। आज जिस देश में हिन्दुस्तानी रह रहा था, वहाँ तो किसी दूसरे धर्म के लोगों को अपने इष्ट देवों की मूर्तियाँ रखने या पूजा करने का अधिकार तक नहीं दिया गया था। फिर भी लोग छुप-छुपकर पूजा करते हैं। क्या धर्म के साथ जुड़ाव इतना बल देता है कि इंसान सरकारी आदेश के विरुद्ध भी काम करने से नहीं डरता।

नास्तिक होने के चक्कर में हिन्दुस्तानी विवाह भी नहीं कर पा रहा था। अब तो लगभग पैंतीस-छत्तीस का हो गया है। पर उसे किसी धार्मिक विधि से विवाह नहीं करना। माँ-बाप को कोर्ट की शादी स्वीकार नहीं। और फिर कोर्ट-कचहरी भी तो धर्म पूछती हैं! साले कोर्ट-कचहरी भी धार्मिक हो गये हैं।

इसीलिए जेद्दाह में अकेला रहता था हिन्दुस्तानी। उसके साथियों ने उसे डरा दिया था, "बने मलिक इलाके में कभी मत जाना। उस इलाके में सभी दो नम्बर के काम होते हैं। नकली पासपोर्ट, नकली वीज़ा, यहाँ तक कि नकली इकामा (यानि कि 'वर्क परमिट') भी। हिन्दुस्तानी हैरान ! इतनी सारी पुलिस, असली पुलिस ! इतनी दहशत, फिर भी इतने सारे नकली काम ! हिम्मतवाले लोगों की कमी तो किसी भी देश में नहीं होती है।

इन्हीं दिनों हिन्दुस्तानी का एक नया दोस्त बना था। संजय—एक कम्पनी में मैनेजर था, 'अल-हमरा' इलाके में ही रहता था। उसकी पत्नी अपर्णा और बेटी चयनिका। तीनों बिना किसी द्वन्द्व के जेद्दाह में जी रहे थे। अपर्णा से अक्सर उसकी बहस हो जाया करती थी, "मैं कहता हूँ जो मुस्लिम नहीं है वोह बुर्का या आबाया क्यों पहने ?" अपर्णा हँसते हुए सहज तरीके से हिन्दुस्तानी को समझाती रहती थी, "देखो भैया, हम आबाया नहीं पहनें ना तो हमें लगता है सड़क पर सब हमें ही घूर रहे हैं। हम सड़क पर अलग ही दिखाई देते हैं। जब सभी औरतें बुर्का पहने होती हैं तो हम भी अपने आपको आबाया में ढका हुआ महसूस करते हैं। नहीं तो लगता है पूरे कपड़े पहने बिना ही घर से निकल आये।"

हिन्दुस्तानी फिर हैरान ! हिन्दुस्तानी नारी में कितनी सहनशक्ति है। फिर यहाँ तो अमरीकन और अंग्रेज़ औरतें भी आबाया पहनती हैं। क्या अमरीका और इंगलैंड में भी यह नारियाँ बुर्का पहन लेतीं ? ...अगर वहाँ की सरकारें भी

आदेश लागू कर दें कि स्त्रियों को बुर्का पहनना ज़रूरी है, तो क्या यही स्त्रियाँ विद्रोह नहीं कर बैठेंगी ? तो क्या इन्हें भी पैसे का ही लालच है ?

हिन्दुस्तानी तो अपने देश में भी सिगरेट या शराब नहीं पीता था। इसलिए जेद्दाह में भी उसे कोई विशेष कठिनाई नहीं होती थी। पूजा वह घर पर भी नहीं करता था। इसकी कमी महसूस करने का तो अर्थ ही नहीं था। अब उसने कार भी ख़रीद ली थी। इसलिए उसे आने-जाने में भी दिक्कत नहीं होती थी। पेट्रोल तो लगभग मुफ़्त ही था। दस-बारह रियाल में तो टैंक पूरा भरवा लो। एक रात हिन्दुस्तानी संजय के घर ही खाना खा रहा था। रात को खाना खा चुकने के बाद संजय बोला, ''चलो हुक्का पीने चलते हैं।''

''यह हुक्का पीने चलते हैं का क्या मतलब भाई ? अगर हुक्का पीना ही है तो भरो हुक्का और पी डालो।''

''नहीं मेरे गोबर गणेश, आज तुम्हें दिखाते हैं कि रात को बारह बजे भी जेद्दाह में आदमी-औरतें इकट्ठे बैठकर हुक्के का मज़ा लेते हैं।''

हिदुस्तानी हैरान ! उसके देश में कभी हुक्के की कद्र रही होगी जब राज-रजवाड़े हुआ करते थे। आज तो हुक्का पिछड़ेपन का प्रतीक बनकर रह गया है।

चल पड़ा हिन्दुस्तानी। जीवन में पहली बार सार्वजनिक 'हुक्का पान स्थान' देखने के लिए। खुली छत के नीचे, ढेरों पौधों के बीच, मुग़लई शानो-शौकत के हुक्के। किसी में कलकत्ते का तम्बाकू था तो किसी में बाहरीन का। कोई पाकिस्तान से ताल्लुक रखता है तो कोई चीन से। जीवन में पहली बार शीशे का बना हुक्का देखा। सारा माहौल देखकर लग रहा था जैसे हुक्का उत्सव चल रहा हो। धीमी-धीमी आँच में हुक्के का तम्बाकू सुलग रहा था।

कुछ यूँ ही सुलग रहा था सवाल उसके अपने देश में। एक धर्म उसे अल्लाह का घर कह रहा था तो दूसरा उसे भगवान का जन्मस्थान। हिन्दुस्तानी को यह समझ नहीं आ रहा था कि इसमें दिक्कत कहाँ है। अगर भगवान वहाँ जन्मे हैं तो वह भगवान का घर ही तो होगा। दोनों धर्म के लोग उसे भगवान का घर मानकर भी लड़ते जा रहे हैं। क्या ऐसा कोई तरीका नहीं हो सकता कि दोनों धर्मों के लोग उस बिल्डिंग में जाकर अपने-अपने तरीके से भगवान की आराधना कर लें। इसमें इतनी उत्तेजित होने जैसी स्थिति क्यों है ? ...कुछ कुरुक्षेत्र जैसी स्थिति बनती जा रही थी। कोई किसी के लिए भी एक इंच ज़मीन छोड़ने को भी तैयार नहीं। इतनी दूर हिन्दुस्तान में सुलग रहे सवाल की गरमी जेद्दाह जैसे दूर-दराज़ शहर में भी महसूस की जा सकती थी।

और फिर उसी गर्मी का एक तेज़ भभका दिसम्बर की एक सर्द शाम में

उसने महसूस किया। लगभग चार सौ साल पुराना एक ढाँचा चरमराकर मलबे का ढेर बन गया था। हिन्दुस्तानी पहली बार डर गया। उसे लगा जैसे जेद्दाह में हर मुस्लिम की आँखें उसे ही घूर रही हैं। उसे ही उस ढाँचे के गिरने का गुनहगार ठहराया जा रहा है। परेशान तो संजय भी था। उसका डिश एंटेना तो दुबई, इंगलैंड, पाकिस्तान, बंगलादेश और भारत में जलते हुए मन्दिर भी दिखा रहा था। जेद्दाह में रह रहे हिन्दुओं में एक विचित्र-सी दहशत घर करती जा रही थी। संजय के पिता बँटवारे के भुक्तभोगी थे। उसे अपने पिता की कही हुई एक-एक बात याद आ रही थी।

अफ़वाहों का बाज़ार गर्म था। आज हिन्दुस्तानी को भी डिश एंटेना शैतान का अवतार लग रहा था। क्योंकि वो बिना रुके अयोध्या के समाचार दिये जा रहा था। कई हिन्दुओं के इकामा रद्द कर दिये गये थे। उनके पासपोर्ट पर लाल रंग की 'एग्ज़िट वीज़ा' की मोहर लगाकर उन्हें वापिस भेजा जाने लगा। संजय ने हिन्दुस्तानी को आदेश दे दिया, "तुम अकेले घर से बाहर कभी नहीं जाओगे। कुछ दिनों के लिए हमारे घर रह जाओ। घर से दफ़्तर मैं तुम्हें स्वयं छोड़कर आऊँगा। बने मलिक के इलाके में भूलकर भी मत जाना।"

औरतों के माथों से बिन्दियाँ ग़ायब होने लगीं। बिन्दी ही तो उन्हें अन्य औरतों से अलग कर देती थी। और इसी तरह उनकी बेइज़्ज़ती का कारण भी बन जाती थी।

एक शाम तो हिन्दुस्तानी को यह पक्का विश्वास हो गया कि अयोध्या के हादसे का उत्तरदायी वह स्वयं है, संजय है, अपर्णा है और उनकी पाँच वर्ष की बेटी चयनिका है। चयनिका के स्कूल में उसका बायकाट कर दिया गया। उसे बताया गया कि अयोध्या की मस्जिद उसने तोड़ी है, इसलिए क्लास के और बच्चे उससे बात नहीं करेंगे। रोती हुई सूजी आँखें लेकर शाम को चयनिका ने संजय से पूछ ही तो लिया, "पापा, आपने मस्जिद क्यों तोड़ी ? क्लास में मेरे से कोई बात भी नहीं करता।" हिन्दुस्तानी को लगा जैसे उसके शरीर का एक-एक हिस्सा चरमराकर मलबे का ढेर बनता जा रहा है।

गर्मी अभी भी बरकरार थी। पर माहौल में थोड़ा-सा ठहराव आने लगा था। हिन्दुस्तानी का भी दम घुटने लगा था। उसे भी ताज़ी हवा की आवश्यकता थी। एक दिन शाम को दफ़्तर से निकलकर सीधा कॉरबिश की ओर निकल गया। पार्किंग लॉट में गाड़ी खड़ी की। उसने अभी थोड़ी खरीददारी ही की थी कि मग़रिब की आज़ान हो गई। हिन्दुस्तानी ने सोचा, चलो यह सामान जाकर गाड़ी में रख लेता हूँ, बाकी ख़रीददारी नमाज़ के बाद कर लूँगा। उसने सामान जाकर गाड़ी की डिकी में रख दिया। वापिस वह सूख़ की ओर चल दिया। लाऊडस्पीकर

पर अरबी में कुरान शरीफ़ की आयतें सुनाई दे रही थीं।

हिन्दुस्तानी अभी कुछ कदम ही चला था कि धार्मिक पुलिस का एक ठुल्ला उसके पास आया और कड़ककर उसका इकामा माँगा। हिन्दुस्तानी बुरी तरह से घबरा गया। उसने जेब से इकामा निकाला और मुत्तव्वे के हवाले कर दिया। इकामा का रंग देखते ही मुत्तव्वे के चेहरे का रंग बदला और साथ ही साथ हिन्दुस्तानी का चेहरा सफ़ेद हो गया। मुत्तव्वे ने उसे पुलिस की गाड़ी में बैठने को कहा। हिन्दुस्तानी उसे समझाता रहा कि उसकी कार पार्किंग लॉट में खड़ी है और उसमें उसका सामान रखा है। अपना ड्राइविंग लाइसेंस और कार की चाबी दिखा-दिखाकर समझा रहा था कि उसे कार तक जाने दिया जाये। किन्तु उसके इकामा का रंग हरा नहीं था। या फिर सारा जेद्दाह ही बने मलिक बन गया था। किसी को कहीं से भी धार्मिक पुलिस गिरफ़्तार कर सकती थी।

हिन्दुस्तानी की कार 'पार्किंग लॉट' में खड़ी रही। सामान उसकी कार में पड़ा था। सामान उसके घर में भी पड़ा था—सामान, जो उसने पैसे ज़ोड़-जोड़ कर ख़रीदा था। आज वह उसी 'डिपोर्टी कैम्प' में खड़ा था, जिसे बाहर से देखकर उसके शरीर में झुरझुरी आ गई थी। संजय और अपर्णा परेशान थे। वे दोनों हिन्दुस्तानी को खोज रहे थे। आखिर कहाँ गया ? हिन्दुस्तानी के दफ़्तर फ़ोन किया गया, सभी दोस्तों से पूछा गया, हस्पतालों से पूछताछ की गई। उत्तर में केवल एक दीवार ही दिखाई दे रही थी।

तीन-चार दिन के बाद हिन्दुस्तानी को एक फ़्लाइट में बैठा दिया गया। उसके पासपोर्ट पर 'एग्ज़िट' की लाल मोहर लगा दी गई। यानि कि अब वह कभी भी जेद्दाह वापिस नहीं आ सकता था। विमान में और भी बहुत से लोग थे जिन्हें उसी की तरह 'एग्ज़िट' कर दिया गया था। सबके चेहरों पर एक-से ही भाव थे।

अपने देश वापिस पहुँचकर हिन्दुस्तानी के मन में एक इच्छा जागी। ''चलो वोह जगह देखकर तो आये जिसने उसके जीवन को चौपट कर दिया!'' पिता के चेहरे पर जो भाव थे उनमें वह साफ पढ़ रहा था, ''मैं ना कहता था, तुम्हारे तरीक़े ग़लत हैं। तुम कभी सफल नहीं हो पाओगे।''

हिन्दुस्तानी अयोध्या की ओर चल दिया। गाड़ी में ही उसे कुछ एक राजनीतिक कार्यकर्त्ता मिल गये। किसी ने उसका नाम पूछा। उसने अपने पुराने अन्दाज़ में जवाब दिया, ''आय. एम. हिन्दुस्तानी।'' कार्यकर्ता की बाँछें खिल गईं। ''साहिब हम यही तो कहते हैं। हम पहले हिन्दू हैं—हिन्दुस्तानी, बाद में कुछ और। भारतीय तो हमें कई मिले पर हिन्दुस्तानी आप पहले मिले हैं। हमारी सभ्यता, हमारा कल्चर, हमारा इतिहास...'' हिन्दुस्तानी का सिर चकराने लगा।

आज एक बार फिर उसे अपने नाम से साम्प्रदायिकता की बू आने लगी थी।

अयोध्या के मलबे के सामने खड़ा था हिन्दुस्तानी। उसकी नौकरी की नींव इस पुरानी बिल्डिंग से कहीं अधिक कमज़ोर थी। एक ही झटके में उसकी नौकरी हवा में उड़ गई थी। सारे माहौल को देखकर हिन्दुस्तानी को महसूस हुआ कि केवल एक ढाँचा नहीं चरमाराया, बल्कि उसके साथ बहुत कुछ चरमरा गया है, लोगों का विश्वास, प्यार, भाईचारा, समाज की नींव, सब चरमरा गया है।

हिन्दुस्तानी आँखों में सारी चरमराहट भरे वापिस चल पड़ा। एकाएक शोर मच गया—''बम्बई में बम्ब फटे हैं, सैकड़ों मारे गये।'' हिन्दुस्तानी ने आकाश की ओर देखा और उसके मुँह से निकला, ''यह क्या हो रहा है भगवान् ?'' उसके शरीर ने झुरझुरी ली। यह उसके मुँह से क्या निकल गया ?

■■